EN VENDÉE
Récits, Légendes
et Histoires

GRAND IN-8° — 2ᵉ SÉRIE.

L'ABBÉ F. CHARPENTIER

EN VENDÉE

NOUVELLES SOIRÉES VENDÉENNES

PORTRAITS, RÉCITS, LÉGENDES

DESCLÉE, DE BROUWER ET CIE

IMPRIMEURS DES FACULTÉS CATHOLIQUES DE LILLE

LILLE	PARIS
41, RUE DU METZ	RUE SAINT-SULPICE, 30

MCMII

PRÉFACE.

ON me demande de *semer* à l'entrée de ce livre... une préface !
O préface, seras-tu glaïeul, dahlia ou lis ?...

Fi, pour mon parterre, de ces fleurs orgueilleuses, qui se dressent vers le ciel en jabot de dentelle, tuyaux de velours ou robe de satin !

Courte et modeste, ô ma préface, montre-toi à peine, embaume si tu peux, et laisse-toi oublier. Tu es faite pour le livre, non le livre pour toi. O ma petite préface, sois humble violette !

***

Donc, dirai-je à l'auteur, vous avez fait un bon livre ! Quel meilleur éloge pourrais-je vous adresser ?

A notre époque de bavardage et *d'écrivaillerie* sans mesure, en face du mal qui s'opère par la langue et par la plume, on ne saurait trop parler et écrire en faveur du Vrai, du Beau et du Bien.

Plus que jamais le prêtre en particulier doit pratiquer le *Docete* du Maître.

Et l'on enseigne par la parole et par la plume.

La *parole parlée* possède une force qui lui est propre. C'est elle qui est la vraie parole, le verbe humain vivant auquel le Verbe divin a promis une efficacité merveilleuse. *Euntes docete, praedicate super tecta !* Prêtres, allez-vous-en, et prêchez sur les toits !

Mais la *parole écrite* a aussi sa puissance. Inférieure à l'autre en vertus intimes, en secours ambiants, en promesses divines, elle n'en a pas moins sur elle quelques avantages. *Verba volant, scripta manent :* ce qui est parlé s'envole, ce qui est écrit demeure. Dans le silence et le recueillement d'une lecture, souvent le cœur écoute mieux que dans le tapage d'un discours qui vibre, on a beaucoup plus le temps de réfléchir, et l'on se laisse plus aisément persuader, parce qu'il semble souvent que l'on se persuade soi-même.

C'est donc excellent de parler, et c'est donc très bien d'écrire.

De parler et d'écrire, s'entend, je le répète, comme le disait Fénelon, « pour la vérité et la vertu ! »

Heureux dès lors qui parle et qui écrit ! Et qu'il ait confiance : Dieu bénit son apostolat.

Mais encore est-il qu'il faut toujours parler pour se faire écouter, et qu'il faut écrire toujours pour se faire lire ! Sans cela, il est évident

qu'on perd son temps et sa peine. Oh ! les monceaux de livres inutiles !
Oh ! les flots de paroles perdues !

Ami, cher prêcheur de *La Carmélite*, vous aimez à parler, et vous
le faites bien ; vous aimez à écrire et vos livres sont bons, cher auteur
des *Soirées Vendéennes*. Ceux pour qui vous avez écrit vous liront :
premier bon point ; — vous liront avec plaisir : second bon point ; —
vous liront avec profit : troisième bon point. Et ce sont là tous les
points que peut mériter un auteur : *Omne tulit punctum qui miscuit
utile dulci !*

O Vendéens, mes frères, les bonnes soirées qu'on passe au coin du
feu, dans la pensée aimée des vieux pères disparus, dans l'enthousiasme
fier des gloires de son pays, dans le frisson béni que donnent les
saintes choses !

Comme cela vous récrée mieux que ces romans fadasses qui vous
transportent l'esprit en un monde frivole et pervers que vous ne connaissez pas, et ne laissent en vos cœurs qu'une langueur énervante !

C'est pour vous procurer ces sains délassements que M. Charpentier a entrepris d'écrire *Cent ans après* et *Soirées Vendéennes*.
C'est son troisième volume qu'il vous présente aujourd'hui. Et point
ne tardera sans doute le quatrième. Il y a tant à recueillir dans les
Portraits de votre histoire, les *Récits* de vos foyers, les *Légendes* de
vos champs !

Et vous ne serez point les seuls à vous plaire en ces livres. On les
lira vraiment d'un bout de la France à l'autre. A telles enseignes que
ce sont les gens du *Nord* qui sont venus dire à l'auteur, lors des premières « Soirées » : « Tout ce qui est vendéen nous plaît *énormément.*
Donnez-nous donc encore des *Soirées Vendéennes !* » Quant aux
gens de l'*Est*, ils sont conquis d'avance : la Vendée et la Lorraine
n'ont-elles pas même cœur ? Qui nous contesterait davantage les sympathies du *Centre ?* Les fiers Arvernes de Vercingétorix ne sont-ils pas
les frères de nos frères les Bretons ? Et les gens du *Midi*, mon bon,
ne sont-ils pas nos cousins ? Eh oui ! puisqu'on nous appelle « Méri-
dionaux de l'Ouest ». Ce qui veut dire sans doute : Les Vendéens
sont des hommes mi-granit, mi-soleil !

Va donc, bon petit livre, et fais jouir toute la France des *Soirées
Vendéennes !*

Luçon, 29 janvier 1902.

LE SEMEUR VENDÉEN.

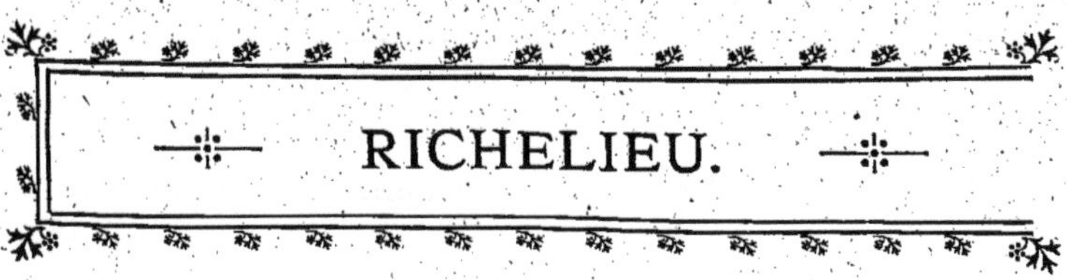

RICHELIEU.

RESQUE au centre du *Marais*, s'élève la petite ville de Luçon. Simple chef-lieu de canton, elle est cependant, depuis le XIVe siècle, le siège d'un évêché que le Concordat de 1801 a maintenu ; et c'était justice. Ce siège n'a-t-il pas été occupé autrefois par des personnages fameux ? Nicolas Cœur, frère du célèbre Jacques Cœur, l'argentier de Bourges, victime de l'ingratitude de Charles VII ; Nicolas Colbert, frère du ministre de Louis XIV.

On n'a pas remarqué assez que peu d'évêchés de France ont compté parmi leurs titulaires des hommes politiques aussi considérables : Sacierges [1], le cardinal de Lorraine [2], le cardinal de Bourbon [3].

Mais qui se souvient d'eux à Luçon ? D'ailleurs ne durent-ils pas leur célébrité uniquement à leur parenté avec des

---

1. Pierre de Sacierges était secrétaire du cardinal de la Ballue, au moment où Louis XI le nomma évêque de Luçon.

Pierre de Sacierges était présent à la reconnaissance par Louis XII des droits et privilèges de la province de Bretagne, dont il épousait la souveraine. Il suivit le roi dans le Milanais, et fut créé chancelier de Milan et chef de la Justice après la victoire remportée sur Ludovic Sforce. Il revint à Luçon.

2. Jean de Lorraine, fils du duc de Lorraine, René II, et de Philippe de Gueldres, était cardinal lorsqu'il fut nommé évêque de Luçon. Il se démit en 1524 en faveur de Louis de Bourbon.

3. Louis de Bourbon, cardinal, habitait Luçon quand il prit possession de son siège en 1524. Il descendait de S. Louis, était fils du comte de Vendôme et de Marie de Luxembourg. Il avait pour neveu le cardinal de Bourbon, sacré roi par la Ligue sous le nom de Charles X, et mort à Fontenay-le-Comte, et pour petit-neveu, Henri IV. Il célébra le mariage de Jacques V, roi d'Écosse, avec Madeleine de France, donna le baptême à François II et à Henri le Grand. Il officiait aux obsèques de François Ier et au couronnement de Catherine de Médicis.

Louis de Bourbon bâtit le palais Bourbon à Saint-Denis, et donna à l'abbaye la châsse où reposaient les reliques de S. Louis.

Il mourut à Paris en 1556. Son corps fut inhumé dans la cathédrale de Luçon et son cœur déposé à Saint-Denis, sous une colonne de porphyre.

Le *Livre d'or de Luçon*, L. J. B. BALLEREAU, architecte.

En Vendée.   1 personnages illustres ? Quel Luçonnais, au contraire, ne se rappelle avec une légitime fierté que « Armand du Plessis, cardinal-duc de Richelieu, la terreur de l'Europe, le fléau de la maison d'Autriche et le plus grand homme d'État du siècle, et peut-être de la monarchie », disait Sauval, fut pendant plus de *quinze ans* évêque de Luçon ?

C'est ce grand évêque de notre chère Vendée, c'est ce tout-puissant ministre de Louis XIII que je vais essayer de vous faire un peu connaître.

I

LES REMIÈRES ANNÉES.

A RMAND-JEAN du Plessis naquit, à Paris, le 9 septembre 1585 et fut baptisé à Saint-Eustache, sa paroisse.

Les Tourangeaux et les Poitevins ont bien essayé de revendiquer cette gloire en prétendant que le futur évêque, et grand ministre, était né dans le château de ses pères, à Richelieu, autrefois, en Poitou, et maintenant, dans le département d'Indre-et-Loire. N'est-ce pas ce qu'avaient écrit Tallemant des Réaux et Perrault, et aussi Mlle de Montpensier, et la Fontaine, qui assurent qu'on leur a montré, au château de Richelieu, la chambre où était né le célèbre ministre ? Il faut bien se rendre à l'évidence des textes. La Touraine et le Poitou ont d'ailleurs assez d'autres gloires ; point ne leur est besoin de se parer de celles qui ne leur appartiennent pas.

François du Plessis, son père, servit avec dévouement Henri III, dont il reçut la charge de grand-prévôt de France et le collier de l'ordre du Saint-Esprit. Il servit Henri IV avec le même zèle, se battit bravement à ses côtés à Arques et à Ivry, et mourut en 1590, laissant cinq enfants, trois fils et deux filles : Henri du Plessis, seigneur de Richelieu, devenu maréchal de camp, et qui fut tué en duel en 1619 ; — Alphonse du Plessis, dont nous parlerons un peu plus loin ; — Armand-Jean, dont nous allons esquisser la biographie ; — Françoise du Plessis, mariée en secondes noces à René de Vignerot, seigneur du Pont-de-Courlay ; — Nicole du Plessis, mariée à Urbain de Maillé, marquis de Brézé, capitaine des gardes de la Reine-Mère, Marie de Médicis, puis des gardes du roi et maréchal de France.

La situation de la jeune veuve était des plus précaires. Obligée de pourvoir aux charges nombreuses de sa maison avec une fortune médiocre fortement entamée par son mari [1], elle refusa néanmoins l'offre brillante que lui faisait Henri IV, de la nommer dame d'honneur de la Reine.

Elle se retira en Poitou pour s'y dévouer complètement à l'éducation de ses enfants. La munificence du roi se reporta sur ceux-ci. A l'aîné, qui était déjà page à la cour, il donna le titre de gentilhomme de sa chambre avec une pension de 1200 livres. Au cadet, l'évêché de Luçon et plusieurs autres bénéfices.

Armand avait cinq ans à la mort de son père. C'est au château de Richelieu que s'écoulera désormais son enfance. De santé fort délicate, il fut mis cependant de bonne heure aux études. Le prieur de l'abbaye Saint-Florent de Saumur, Hardy Guillot, bon et charitable, et dont le nom devait rester longtemps en vénération parmi les religieux et les populations environnantes, fut son premier précepteur et chargé de lui enseigner, ainsi qu'à ses frères, la grammaire, le grec, le latin et l'espagnol. Sa mère elle-même s'appliquait à la formation morale et religieuse de ses enfants.

« Mme de Richelieu, écrit l'abbé Lacroix [2], avait conservé

---

1. « Le grand-prévôt, disent les Mémoires du temps, avait dépensé tout son bien à la guerre, et laissait sa maison fort endettée et ses affaires en fort mauvais état ». Les officiers étaient alors moralement obligés de payer de leur poche la solde de leurs hommes si l'État ne le faisait pas. C'est ce qui était arrivé.

2. Aujourd'hui évêque de Tarentaise. *Richelieu à Luçon. Sa Jeunesse. Son épiscopat*, p. 69.

pour la mémoire de son mari un culte que les années ne purent affaiblir. Elle aimait à raconter ses faits d'armes et vanter la grâce de son esprit, la noblesse de son caractère et la générosité de son cœur. C'était là le sujet ordinaire des entretiens du soir, et l'on devine que ces épanchements intimes devaient grandement contribuer à faire naître des sentiments élevés dans l'âme des enfants. Ils vivaient, pour ainsi dire, dans une atmosphère de travail, de régularité, de respect et de piété ; et la pratique de ces fortes vertus, commencée dès l'enfance, les trempa pour le reste de leur vie. C'est ainsi que les robustes générations du XVIIe siècle ont été formées. Il ne paraît pas que les adoucissements, les complaisances et les soins exagérés que l'on prodigue aujourd'hui aux enfants aient donné des résultats meilleurs. »

Mais le jeune Armand ne pouvait trouver dans ce château isolé tous les éléments d'une instruction assez étendue, et bientôt son oncle maternel, Amador de la Porte, l'emmena à Paris, et le plaça au collège de Navarre, où il pourvut à tous ses besoins.

Ce collège était bien le plus célèbre de Paris, qui en comptait tant d'autres. Là, avaient fait leurs études, le duc d'Anjou, plus tard Henri III, et Henri de Bourbon, depuis Henri IV. Mais, à cette époque, combien il était déchu de son ancienne splendeur ! Les guerres civiles et religieuses, les longs désordres de la Ligue avaient dispersé maîtres et élèves. Pendant les deux sièges de Paris, ses immenses bâtiments avaient été occupés par des vagabonds, des soldats et des paysans fuyant les campagnes dévastées : « Vous n'oyez plus aux classes ce clabaudement latin des régens qui obtondoient les oreilles de tout le monde. Au lieu de ce jargon, vous y oyez à toute heure du jour l'harmonie argentine et la vraie idiome des vaches et veaux de lait ou le doux rossignolement des ânes et des truies qui nous servent de cloches. »

Au moment où Armand y entra, vers 1594, la vie d'études renaissait dans les collèges. Mais les premières impressions du jeune homme, en arrivant à Paris, furent analogues à celles que son enfance avaient éprouvées dans sa province : « partout le spectacle de la ruine, de la misère, de la désolation, conséquences du désordre public et de l'indiscipline sociale » ; il ne les oublia jamais.

Le programme des études était moins compliqué que de nos jours. La religion y occupait la place qui lui est due, la première. On y apprenait *la grammaire, les arts et la philosophie.*

Les études de grammaire, c'est-à-dire du latin et du grec, sans oublier le français, durèrent deux ou trois ans. Même dans le cours ordinaire de la vie, les écoliers devaient parler latin. Cette règle s'étendait aux fournisseurs, aux domestiques, aux cuisiniers. C'est peut-être à cet usage que nous devons des latinistes de premier ordre, comme on en vit aux XVIe et XVIIe siècles, mais les cuisiniers s'en vengèrent souvent en baragouinant du mauvais latin, un vrai latin… de cuisine.

L'historien de son enfance, l'abbé Michel de Pure, trace du séjour d'Armand au collège de Navarre un portrait peut-être embelli, lorsqu'il nous vante sa gaieté, sa modestie, son obéissance, son émulation et une foule d'autres qualités qui auraient fait de lui un écolier parfait, bien qu'il mette quelque ombre à ce brillant tableau.

« Il avait, ajoute-t-il, une soif de la louange et une crainte du blâme qui suffisaient pour le tenir en haleine. Il avala comme d'un trait toute la grammaire. Bientôt il brilla d'un éclat subit. Ce que les autres enfants font en enfant, lui, il le fit avec méthode : il était conscient de tout ce qu'il disait et faisait. Si on l'interrogeait, il savait, avant de répondre et par des questions embarrassantes, prévenir les questions suivantes. Et l'on ne peut dire enfin les admirables dons d'un esprit vraiment beau qui apparaissaient et jaillissaient sans cesse en étincelles éblouissantes. »

Nous trouvons dans Lannoy, l'historien du collège de Navarre, un souvenir relatif au séjour de Richelieu dans cette maison. Lorsque, en 1597, le recteur Jean Yon conduisait, en procession, les membres de l'Université au tombeau de St-Denis, le jeune Armand du Plessis, alors âgé de douze ans, figurait dans cette procession en costume d'enfant de chœur. Ce fait resta gravé dans sa mémoire et quand, plus tard, devenu cardinal-ministre, il recevait une députation de l'Université, à laquelle on joignait toujours le vénérable Yon, il ne manquait pas de rappeler ce pieux pèlerinage, auquel il avait pris part et, dit son historien, « il ajoutait en souriant qu'il ne voyait pas entrer un ancien maître sans éprouver encore un sentiment de respect et de crainte, preuve, ajoute judicieusement l'historien, que la discipline était sévère au collège de Navarre ».

Armand étudia ensuite la philosophie, et de tous les exercices philosophiques, dit l'abbé Lacroix (¹), le plus important et celui qui inspirait à la jeunesse le plus vif attrait, c'était les disputes ou controverses. Pendant la première année, les exercices avaient lieu dans l'enceinte des classes et sans aucune publicité. Mais pendant la seconde, ils devenaient de véritables solennités. A l'époque du Carême, les épreuves avaient lieu dans les écoles de la rue Fouarre. On posait au candidat, une question de logique ou de morale, et il devait la développer « *oratorio modo* », c'est-à-dire dans un véritable discours. Au mois de juin, les candidats subissaient une nouvelle épreuve, également publique, sur toutes les parties du cours, et cette session d'examen se terminait par des festins et des réjouissances, où se glissèrent de tels excès et de tels abus qu'il fallut proscrire ces sortes de fêtes.

---

1. *Richelieu à Luçon*, pp. 27-29.

« Voilà l'éducation intellectuelle qui fut donnée à Richelieu. Homme de raison plutôt que d'imagination, il dut surtout réussir en philosophie, et c'est peut-être dans ces exercices oraux, véritables joutes oratoires, qu'il développa son talent pour la parole, et prit le goût des controverses et des discussions, dans lesquelles il rêva d'être, un jour, comme du Perron, le défenseur du catholicisme contre le protestantisme. Aujourd'hui nous comprenons et nous envisageons la philosophie d'une tout autre manière. Le syllogisme n'est plus notre unique méthode. Nos recherches et nos investigations se sont portées dans les domaines les plus divers, et toutes les sciences sont devenues les auxiliaires et les tributaires de la philosophie. Pourtant, il ne faut pas trop médire d'un système qui a formé les grands esprits du XVIIe et du XVIIIe siècle, et peut-être faut-il regretter qu'on n'ait pas conservé dans notre enseignement contemporain ces discussions et ces polémiques, qui habituaient l'esprit à la précision, la mémoire à la fidélité, et donnaient un si grand élan aux facultés oratoires.

Avant de quitter le collège, le jeune marquis du Chillou ([1]) subit l'examen de maîtrise devant la Faculté des arts. Comme notre baccalauréat, cet examen était placé à l'entrée de toutes les carrières libérales. Ceux qui aspiraient à un office d'avocat, de magistrat ou de conseiller, ceux encore qui, voulant entrer dans l'Église, désiraient conquérir leurs grades théologiques, étaient tenus de subir cette épreuve.

Richelieu, qui se préparait au métier des armes, aurait pu se dispenser de ce brevet de science classique. Bassompierre, Schomberg et d'autres, qui devinrent maréchaux de France, ne se mettaient nullement en peine d'être bacheliers de la Faculté des Arts. L'ignorance était de bon ton parmi les

---

[1]. C'est le titre que, pour se conformer aux usages du temps, Armand du Plessis avait pris en arrivant à Paris. La seigneurie du Chillou, paroisse de Jaulnay, appartenait à sa famille depuis plus d'un siècle.

gentilshommes, et quand, par hasard, l'un d'eux savait un peu de latin, il se gardait bien de le faire voir. Le duc de Rohan attribuait les *Pandectes* à Cicéron, et Louis XIII déclarait n'avoir jamais pu comprendre le vieux français de Joinville.

Mais Richelieu jugeait que la science n'est pas incompatible avec l'ancienneté de la race, et il tenait précisément à se distinguer de cette noblesse frivole et illettrée, par la supériorité de son instruction. Il faut même voir, dans ce désir de surpasser les hommes de son temps et de sa condition, le premier indice d'une volonté, qui ne reculera devant aucun labeur, pour triompher de ses rivaux.

Le jeune marquis se destinait aux armes, c'était la seule carrière qui s'ouvrait devant lui. Aussi, parallèlement à cette éducation littéraire et philosophique, il recevait une éducation militaire. A *l'Académie*, l'équitation, l'escrime et la danse délassaient son esprit, en même temps qu'elles assouplissaient et fortifiaient son corps, et faisaient de lui un parfait cavalier, un gentilhomme accompli. Toute sa vie, il conserva le pli que cette éducation militaire lui avait donné. Devenu prêtre et évêque, il aimera encore les choses de la guerre, et, plusieurs fois, les troupes le verront, à leur tête, commandant en personne, comme au siège de la Rochelle, à cheval, la robe relevée, les jambes bottées, avec une allure qui attestait que le gentilhomme n'avait pas oublié ses études de l'Académie.

Cependant, à peine commencées, des événements de famille les firent cesser brusquement. Armand dut renoncer à la carrière des armes pour embrasser l'état ecclésiastique.

Par un abus trop fréquent à cette époque, les évêchés étaient souvent accordés à des favoris qui, parfois, ne se faisaient pas sacrer, n'avaient d'évêque que le titre, se souciaient fort peu de remplir les devoirs de leur charge, et se contentaient d'en toucher ponctuellement les revenus, pour les dépenser au gré de leurs caprices.

Depuis longues années, l'évêché de Luçon semblait un apanage de la famille de Richelieu. En 1586, il était déjà entre les mains de Jacques du Plessis, qui ne fut jamais évêque, et ne résida jamais dans sa ville épiscopale. A sa mort, vers 1592, il eut pour successeur François Hyvert, curé de Braye, paroisse dont dépendait le château de Richelieu. Celui-ci ne se fit pas sacrer, ne prit point possession et ne fut qu'un prête-nom qui permit à la famille, à laquelle il était tout dévoué, de toucher les revenus de l'évêché.

Les chanoines de Luçon supportaient avec peine cet état de choses. Grâce à leur énergie et à leur habileté, ils avaient pu rentrer dans leur église dévastée par les Huguenots, reprendre possession de leurs maisons et de leurs domaines pillés et saccagés. Tout était à refaire dans ce malheureux diocèse, sans cesse traversé par les armées catholiques et protestantes. Le courage des chanoines fut à la hauteur des circonstances.

« Il faut le dire à la louange des chanoines de Luçon, écrit Mgr de Beauregard (¹), jamais peut-être eurent-ils plus à cœur la conservation de leur église, le maintien des règles canoniques et des anciens usages de leurs devanciers que, dans les temps où, pressés par des ennemis de la foi, obligés de ménager les armées du roi et des rebelles, souvent de leur offrir des subsistances, délaissés par leurs évêques, ils trouvaient autour d'eux tant de moyens de dissipation, sans être surveillés ou soutenus par leur chef.

« Mais tant de dépenses ayant épuisé leurs revenus, les contributions aux besoins de l'État revenant fréquemment, ils crurent pouvoir faire partager leurs charges à leurs évêques qui, depuis longtemps, consommaient loin de Luçon, leurs revenus, à les faire contribuer à l'entretien et aux réparations de l'église.

---

1. *Les Évêques de Luçon.*

« Leurs réclamations s'adressaient à Jacques du Plessis. Ils les réitérèrent contre François Hyvert, avec d'autant plus d'insistance qu'ils ne voyaient en lui qu'un homme de paille, dont la dame de Richelieu s'était servie pour jouir de l'évêché, un croc, où pendait le dit évêché, sous le nom duquel le sieur de Richelieu en avait toujours joui, comme auparavant sous le nom de messire Jacques du Plessis. » Un procès s'en suivit, il fut long, et ne se termina que sous le grand cardinal.

Mais sous François Hyvert, Mme de Richelieu, craignant de le perdre, et ne voulant pas renoncer aux revenus de l'évêché, fit entendre que son cadet, Alphonse, pourrait terminer promptement ses études et devenir évêque de Luçon.

Celui-ci fut, en effet, nommé évêque très jeune ; mais honnête et pieux, il ne voulut pas se prêter longtemps à de pareils arrangements, qui blessaient sa conscience et, à l'âge où les hommes briguent les honneurs, il se démit de son titre pour se retirer à la Grande-Chartreuse, où il vécut vingt ans dans la pratique de l'humilité, de la pauvreté et de toutes les vertus chrétiennes.

Plus tard, malgré lui et en pleurant — *flens et invitus*, comme il l'écrit lui-même, — il quitta sa chère solitude pour occuper successivement les sièges d'Aix et de Lyon, puis il fut grand-aumônier de France, chevalier de l'Ordre du Saint-Esprit, proviseur de la maison de Sorbonne, remplaçant son frère, le cardinal-ministre, ambassadeur à Rome, en 1635 et en 1636, etc., etc...

« Il est à croire, dit le chanoine de Tressay ([1]), que son élévation ne changea pas sa manière d'envisager les choses et, qu'au faîte des grandeurs, archevêque et cardinal, il sut conserver le trésor de la pauvreté volontaire, car il voulut qu'on gravât sur son tombeau l'épitaphe suivante : « *Pauper*

---

[1]. *Histoire des moines et des évêques de Luçon*, t. II, p. 165.

natus sum, paupertatem vovi, pauper morior, et inter pauperes sepeliri volo : Je suis né pauvre, j'ai fait vœu de rester pauvre. Je meurs pauvre et veux être enseveli parmi les pauvres. »

La retraite de son fils bouleversait tous les plans de Mme de Richelieu. L'évêché allait-il sortir de sa famille ? Heureusement elle a un troisième fils, à l'intelligence vive et prompte, dont la mauvaise santé peut être un obstacle dans la carrière des armes. Aussitôt sa vocation est décidée, il sera évêque.

Armand quitte donc l'Académie, et se remet aux études avec cette ardeur, cette énergie, cette volonté qui déjà formaient le fond de son caractère. Il refait sa philosophie et aborde la théologie avec le célèbre Jacques Hennequin, professeur au collège de Calvi. Mais les lentes méthodes, usitées dans l'enseignement, s'accordent mal avec la promptitude et la vivacité de son esprit. Il délaisse donc les cours publics, et se livre chez lui à des études personnelles avec une application extraordinaire, une contention d'esprit telle que sa santé s'altéra sous ces efforts opiniâtres, et resta depuis fort délicate.

Claude Courtin nous raconte dans ses *Mémoires*, une anecdote qui se rapporte à cette période de la vie de notre évêque.

« M. le cardinal, étudiant en philosophie, occupait un corps de logis en son particulier, qui avait une entrée dans le jardin du collège de Saint-Jean-de-Latran, dont le jardinier était de Chinon et nommé Rabelais.

« Quarante ans après, son Éminence, rappelant dans sa mémoire ce temps-là, témoigna à Desbournais (son valet de chambre) qu'il aurait joie de sçavoir ce que ce jardinier étoit devenu et ses deux filles, et lui donna ordre de le transporter le lendemain à ce collège et, et s'ils étoient encore en vie, de les lui amener avec toute leur famille, ce que Desbournais ayant exécuté ponctuellement, lui présenta, à l'issue de son dîner, le bonhomme Rabelais, accompagné de ses deux filles et de leurs enfants, lesquels, se jetant tous à genoux, lui demandoient pardon, protestant n'avoir jamais mal parlé de son Éminence qui, riant de son ingénuité, lui commanda de se relever et lui dit :

« N'ayez point de peur, bonhomme, me reconnaissez-vous
« bien ?

« — Hélas ! bon seigneur, répondit Rabelais, nous ne vous
« avons jamais vu !

« — Vous souvenez-vous bien d'un jeune écolier, repartit
« M. le cardinal, qui avoit pour précepteur M. Mulot, et pour
« valet de chambre Desbournais, de votre pays, et un laquais à
« livrées rouges ?

« — Oui déa, Monseigneur, répondit Rabelais. Ils ont bien
« croqué de mes poires et de mes pêches, sans m'en dire mot.

« — C'est moi, mon bonhomme, je veux vous payer mes
« fruits. Desbournais, qu'on lui donne cent pistoles, et à
« chacune de ses filles deux cents. N'êtes-vous pas satisfaits
« de moi ?... »

L'on peut juger de leur joie.

Cependant Henri IV avait nommé le jeune Armand à l'évêché de Luçon, en 1606. Rome ne se hâtait point de confirmer le nouvel évêque, à cause de sa jeunesse. En vain le roi avait fait agir le cardinal du Perron et son ambassadeur à Rome, M. d'Halincourt. Armand résolut d'aller lui-même plaider sa cause.

« Le court séjour que Richelieu fit à Rome, dit M. Hanotaux ('), eut sur le reste de sa carrière une réelle influence. Il vit, à l'âge où les impressions sont vives et durables, cette ville qui était à la fois la capitale du monde catholique et le centre du monde civilisé. Son œil perçant put distinguer le fort et le faible de cette cour, de ces congrégations, de ces cercles qui passaient pour les retraites de la politique la plus haute et la

---

1. *Histoire du cardinal de Richelieu*, t. II, p 82.

plus raffinée. Il vit de près ce que, de loin, on appelle les grandes choses. »

Le pape Paul V qui, tout d'abord l'avait reçu assez froidement, s'intéressa bientôt à ce jeune prélat et, frappé de son génie précoce, lui accorda la dispense d'âge dont il avait besoin pour être ordonné, ajoutant, disent les panégyristes de Richelieu, ces paroles flatteuses : « *Æquum est ut qui supra ætatem*

LE PAPE PAUL V.

sapis, infra ætatem ordinaris : Il est juste que vous soyez ordonné avant l'âge, puisque vous montrez une sagesse au-dessus de votre âge. »

Le nouveau prélat fut sacré à Rome, le 17 avril 1607, par le cardinal de Givry, à un âge où l'Église ne permet que par exception de se faire ordonner prêtre. Il avait 23 ans.

Il revint aussitôt à Paris poursuivre ses études théologiques et recevoir ses grades. Au mois d'août de la même année 1607, il soutenait sa première thèse. Au mois d'octobre suivant, il passait « un examen en manière de résompte » comme on disait alors. C'était la thèse du doctorat. Deux jours après, il était admis en Sorbonne.

Son ardeur au travail, la vivacité de son intelligence, une mémoire prodigieuse expliquent cette rapidité dans ses études et ses brillants succès.

On raconte qu'étant à Rome, pour obtenir sa dispense d'âge, un prédicateur de la cour pontificale ayant prononcé un très long sermon, Richelieu le répéta mot à mot en sortant de l'église.

Le fait ayant été rapporté au Pape, il en fut étonné et, quelques jours après, il demanda au jeune abbé de lui réciter ce sermon. Ce qu'il fit sans en oublier le moindre mot. Et, pour ajouter encore à l'étonnement qu'avait excité cette grande sûreté de mémoire, le lendemain, il fit, sur le même sujet, un autre sermon de sa composition, avec, — dit son historien, l'abbé de Pure, — « une telle abondance d'idées et de citations, une telle splendeur de l'âme, un tel choix des sentiments et des paroles, que l'on criait au miracle ».

II

L'ÉVÊQUE DE LUÇON.

Un voyageur presque contemporain de Richelieu ([1]), nous décrit ainsi le pays que va habiter le jeune prélat.

« Luçon ne devrait pas être mise au rang des villes, si on ne considérait la qualité qu'elle porte d'évêché. Elle est située dans le Bas-Poitou, sur un petit ruisseau, au milieu de grands

---

1. *Le Voyageur d'Europe...* par Jouvin, de Rochefort. Paris 1672, t. I, p. 190.

marais qui s'étendent principalement du côté où nous arrivâmes étant éloignés de la mer seulement de quatre lieues...

« Aux environs, les chemins y sont entre deux fossés où souvent, si on ne prend garde à soi, on peut s'égarer par la quantité des chemins qui ne sont pas frayés, et qui se dispersent en plusieurs endroits de ces marais, pour aller à de petites chaumières qui sont la retraite des pauvres gens, qui ne vivent que d'un peu de blé qu'ils sèment sur la terre, qu'ils ont tirée des canaux et des pâturages où ils nourrissent quelque peu de bétail ; et n'y ayant point de bois pour se chauffer, ils usent des bousats de vaches (¹) séchés au soleil qui brûlent comme des tourbes. En un mot, je ne sais point de gens plus pauvres dans la France, que dans les marais du Bas-Poitou. »

C'est dans ce pays marécageux, au milieu de ces pauvres populations que va débuter le futur cardinal-ministre. C'est là qu'il va s'initier à la pratique des affaires et au maniement des hommes. C'est là, en dirigeant son petit troupeau, qu'il va se préparer, par la prière, l'étude et un labeur opiniâtre, à diriger la France et l'Europe entière.

Un an après avoir pris ses grades théologiques, Richelieu était encore à Paris, prêchant devant le roi qui l'aimait beaucoup et l'appelait familièrement « mon évêque » ; se créant aussi des relations avec les personnages influents de la ville et de la cour. On dirait qu'il a déjà des visées politiques. Mais non... peut-être. Il est pasteur du diocèse, il remplira tous les devoirs de sa charge, il s'astreindra à la résidence, alors que tant de prélats s'en affranchissent si aisément, il travaillera au bonheur des peuples, au salut des âmes qui lui ont été confiées.

Après avoir fait ses adieux aux amis nombreux qu'il laissait à Paris, s'être assuré, par des promesses de correspondance,

---

1. Cet usage existe encore dans le marais de Luçon.

qu'on ne l'oublierait pas trop, il part vers le commencement de décembre de l'année 1608.

Le 21, il arrivait à Fontenay-le-Comte, à cette époque, ville *importante du Bas-Poitou, dont les échevins et les notables* vinrent le saluer à son passage.

« Messieurs, leur répond Richelieu, je ne puis que je ne tienne à beaucoup d'honneur la peine que vous avez prise de me venir voir ; je suis heureux d'avoir mon evesché proche d'une ville comme la vôtre, qui est renommée pour avoir donné une infinité de beaux esprits à la France. Je croy que votre corps est rempli de personnes de cette qualité ; c'est ce qui fait qu'avec plus de passion j'en désire l'amitié ; les anciens disoient que toutes les sciences se tenoient par la main, veu que l'une ne peut subsister sans l'autre.

« Il se présentera des occasions auxquelles j'auray besoin de votre secours ; je me promets de vous toute assistance. Si aussi vous me trouvez capable de vous servir, je m'offre de bon cœur à vous, vous suppliant de croire qu'il n'y a personne au monde de qui vous puissiez vous prévaloir à plus juste titre que de moi. »

Le Chapitre avait envoyé jusqu'à Fontenay une députation au devant du nouvel évêque. Avec elle la situation était plus délicate. Dans les contestations qui s'étaient élevées entre le chapitre et la famille de Richelieu, plus d'une fois des paroles aigres-douces avaient été échangées, un procès était en ce moment même pendant entre eux. Le jeune évêque fait appel à l'oubli et à la concorde.

« Messieurs, dit-il, aux députés, je ne saurais vous faire cognoistre le contentement que je ressens de recevoir les témoignages de la bienveillance de vostre compagnie ; jusques ici je n'ay peu être si heureux que d'avoir tous les cœurs de ceux qui en sont. J'attribue ce malheur à mon absence et au peu de cognoissance que vous avez peu prendre de la bonne

LUÇON. — LA CATHÉDRALE.

volonté que je vous porte ; mais maintenant que je seray avec vous et que je pourray vous faire paroistre combien je vous honore, je me promets que vous me voudrez tous du bien.

« Pour moi, je me donne entièrement à vous, vous assurant qu'en toutes choses, je procureray ce qui sera de vostre honneur et de vostre utilité avec autant d'affection que ce qui me touche en mon particulier. »

Mais c'est surtout dans sa harangue au Clergé, en entrant à la cathédrale, qu'il montre ses dispositions conciliantes. La voici :

« Messieurs, j'ai toujours infiniment estimé une loy que les anciens appeloient amnistie d'oubliance ; elle se pratiquoit à la fin des guerres civiles pour couvrir les peuples qui avoient esté amenés les uns contre les autres à perdre la mémoire de ce qui s'étoit passé.

« Cette sainte loy doit estre receue parmi nous ; je vous exhorte, autant qu'il m'est possible, à l'embrasser pour moi, bien que je ne puisse ignorer qu'il y en a en ceste compagnie qui m'ont esté fort contraires, même depuis le temps qu'il a pleu à Dieu de me rendre votre chef ; je proteste que je n'en auray aucun ressentiment ; cela vous doibt convier à faire le mesme, si vous avez quelque différend entre vous, afin qu'avec le temps on puisse dire de nous ce que l'on disoit en l'Église naissante de tous les chrétiens: *Eorum cor unum et anima una* (¹). »

Il voulut aussi adresser la parole au peuple au milieu duquel il venait vivre, et avoir aussi une parole de paix pour les protestants, si nombreux dans son diocèse :

« Messieurs, venant pour vivre avec vous et faire ma demeure ordinaire en ce lieu, il n'y a rien qui puisse être plus agréable que de lire en vos visages et recognoistre par vos

---

1. Ils ne faisaient qu'un cœur et qu'une âme.

parolles que vous en ressentez de la joie ; je vous remercie du tesmoignage que vous me rendez de votre bonne volonté, que je tascheray de mériter par toutes sortes de bons offices, n'y aiant rien que j'ay en plus grande affection que de vous pouvoir être utile à tous et en général et en particulier.

« Je sçay qu'en ceste compagnie, il y en a qui sont désunis d'avec nous quant à la croiance ; je souhaite en revanche que nous soyons unis d'affection ; je feray tout ce qui me sera possible pour vous convier à avoir ce dessein, qui leur sera utile aussi bien qu'à nous et agréable au roi, à qui nous devons tous complaire.

« Le temps vous donnera plus de coignoissance de l'affection que je vous porte que mes paroles ; c'est ce qui fait que je me réserve aux effets pour vous faire paroistre que toutes mes intentions ne tendent qu'à ce qui est de votre bien. »

Nous avons voulu reproduire ces harangues, telles que nous les ont transmises les historiens du temps, parce qu'elles nous montrent, à défaut de ses sermons que nous n'avons plus, la clarté et la concision, la précision et la netteté, qui sont les caractères dominants de l'écrivain, comme elles le furent aussi de l'évêque et du ministre.

Que de ruines matérielles et morales durent frapper les regards attristés du nouvel évêque dès son arrivée à Luçon ! La cathédrale dévastée pendant les guerres de Religion, avec ses voûtes lézardées, ses autels sans ornements, sa sacristie réduite aux objets les plus indispensables du culte ; l'évêché inhabitable ; la population ruinée par le passage continuel des troupes, pressurée par les protestants qui, influents et nombreux, avaient profité de l'absence prolongée des évêques pour s'arroger des droits exorbitants.

« Richelieu, d'après le témoignage de l'abbé Lacroix (¹), allait

1. *Richelieu à Luçon.*

remettre tout en ordre et réparer tous ces maux. Quelques années allaient lui suffire pour restaurer et décorer la cathédrale, rebâtir presque complètement le palais épiscopal, fonder un séminaire et plusieurs communautés religieuses, enfin évangéliser toutes ces pauvres populations, et faire du diocèse de Luçon l'un des mieux administrés de toute la France.

« Désormais, le chapitre avait un chef, qui saurait imposer son autorité, les catholiques, un protecteur dévoué, les protestants, un adversaire loyal, tolérant sans faiblesse, un gentilhomme de leur rang, enfin le diocèse tout entier, un pasteur qui allait s'occuper de tous ses besoins avec un zèle infatigable, et le faire bénéficier de sa propre gloire et de son étonnante fortune. »

Tout d'abord, il songe à restaurer sa cathédrale, édifice gothique, assez remarquable, qui tombait en ruines et manquait des ornements les plus nécessaires au culte ([1]). Sa flèche avait été renversée, son portail presque complètement détruit, les sculptures brisées par le marteau stupide des protestants. Depuis plus de soixante ans, les évêques ne faisant que de courtes apparitions dans leur diocèse, le chapitre avait seul pourvu aux réparations les plus urgentes, mais n'y pouvant suffire, ils avaient, dans ces dernières années, eu recours au Parlement pour obliger Mme de Richelieu à participer aux dépenses d'un évêché, dont elle touchait les revenus depuis vingt-cinq ans.

---

1. Elle fut consacrée en 1121. Il ne reste guère de parties romanes que dans le transept. La nef est du XIIIe au XVe siècle, le chœur de 1317 à 1334, les chapelles latérales du XVe au XVIIIe siècle.

Le gouvernement de Charles X mit à la disposition de Mgr Soyer, alors évêque de Luçon, des sommes considérables, dont la plus grande partie fut employée à reconstruire la flèche qui menaçait ruine et qui, depuis Richelieu, avait été, avec la tour, rebâtie plusieurs fois. La première pierre fut posée par la duchesse de Berry, en 1828. Un ouragan la renversa en janvier 1847. Elle fut réédifiée peu de temps après. La façade est du style gréco-romain, mais la flèche est gothique. Octogone, aérienne, travaillée à jour, elle est fort jolie. Elle a 85 mètres de hauteur à partir du pavé.

Dès son arrivée à Luçon, Richelieu s'applique à terminer ce différend si préjudiciable à l'œuvre commune. Convaincu que les réclamations du chapitre sont fondées, il consent à une convention amiable dans laquelle il stipule, par contrat du 4 juin 1609, qu'il paiera le tiers de la somme nécessaire, après que tous les revenus de la fabrique auront été épuisés ; mais qu'à l'avenir, les chanoines seront seuls tenus de faire les réparations, sauf en cas de foudre et de guerre où la quote-part des dépenses sera la même que précédemment. Ainsi, dit l'historien de l'évêché de Luçon ([1]), se terminera cette contestation par une transaction où un prélat fort jeune encore, et âgé seulement de vingt-quatre ans, fit la loi à son chapitre et donna des preuves de la supériorité de son esprit à tout ce qui l'entourait.

Richelieu ne se contenta pas de réparer le monument lui-même, il voulut pourvoir sa cathédrale d'ornements utiles ou même un peu luxueux. Était-ce une acquisition de l'évêque ou un cadeau de Mme de Bourges ces chapes dont il la remerciait en ces termes :

« Madame, j'ai receu les chappes que vous m'avez envoyées, qui sont venues extrêmement à propos. Elles sont extrêmement belles et ont été receues comme telles de la compagnie à qui je les debvais ; je vous ay un million d'obligations... Je suis maintenant en ma baronnie ([2]), aimé, ce me veut-on me faire croire, de tout le monde, mais je ne puis que vous en dire encore, car tous les commencements sont beaux, comme vous savez. Je ne manquerai pas d'occupation icy, je vous assure ; car tout y est tellement ruiné qu'il faut de l'exercice pour le remettre. »

1. M. de Beauregard, chanoine et vicaire général de Luçon. Il fut, après le Concordat, nommé évêque d'Orléans à l'âge de 71 ans, et composa une Histoire des évêques de cette ville non imprimée, dont le manuscrit est conservé à la bibliothèque de l'évêché de Luçon. Il se retira à Poitiers, où il mourut âgé de 93 ans.

2. L'évêché de Luçon avait le titre de baronnie.

L'évêché, malgré ses constructions massives, ses tours et
ses créneaux, était inhabitable, et tout d'abord, l'évêque dut accepter l'hospitalité qu'un gentilhomme du pays lui offrit assez
loin de la cathédrale. C'est là qu'il attendit que les réparations
les plus urgentes fussent faites à son palais, et quand enfin il
put s'y installer : « Je suis extrêmement mal logé, écrivait-il à
Mme de Bourges, car je n'ay aucun lieu où je puisse faire du
feu, à cause de la fumée. Vous jugez que je n'ay pas besoin de
grand hiver ; mais il n'y a de remède que la patience. Je vous
puis assurer que j'ay le *plus vilain évêché de France, le plus
crotté et le plus désagréable ;* mais je vous laisse à penser quel
est l'évesque. Il n'y a icy aucun lieu pour se promener, ny
jardin, ny allée, ny de quoi que ce soit, de façon que j'ay ma
maison pour prison ».

Il cherche à transformer cette maison en habitation convenable et même honorable. « Nous sommes tous gueux, en ce
pays, écrit-il, et moi le premier, dont je suis bien fasché ; mais
il faut apporter remède si on peut. »

Et il y apporte tout son pouvoir, car il veut vivre selon son
rang d'évêque et de gentilhomme. « Étant un peu glorieux, je
voudrais bien, étant plus à mon aise, paraître davantage...
C'est une grande pitié que d'être de pauvre noblesse, mais il
n'y a remède contre fortune que bon cœur. »

L'année 1610, il compte sur une rentrée de fonds pour acheter de la vaisselle d'argent. « M. de Bourges sçait mon intention,
qui est d'en avoir, au cas que je puisse tirer de l'argent qui
m'est deub à Paris ; mais sans cela je ne puis rien dire ».

Il veut deux douzaines de plats d'argent « de belle grandeur,
comme on les faists ». Mais ses ressources sont encore médio-
cres, il les voudrait pour cinq cents écus, « car mes forces, dit-il,
ne sont pas grandes... Je suis gueux, comme vous savez, de
façon que je ne puis faire fort opulent; mais toutefois lorsque
j'auray plats d'argent, ma noblesse sera relevée ».

Malgré la modicité de ses ressources, il reste toujours grand seigneur et tient à le paraître.

Toute sa correspondance avec Mme de Bourges, une amie de sa famille qui le traitait comme un fils, nous montre avec quel soin il entrait dans les plus petits détails, quel ordre et quelle économie il faisait régner dans sa maison, avec quelle ingéniosité il savait tirer parti de tout. « Il examine tout, il demande le prix de tout, il ne néglige aucune précaution pour un petit gain ou pour n'être pas trompé sur les achats que des autres font pour lui. »

Il devait garder cette habitude de contrôle dans sa carrière politique. Presque tous les comptes et budgets annuels qui sont conservés aux affaires étrangères, sont annotés de sa main. Il apportait dans la gestion de ses affaires temporelles le même soin, la même rigoureuse exactitude avec lesquels il veillait aux intérêts spirituels de son diocèse, conciliant, mieux que qui que ce soit, peut-être, le gouvernement des grandes choses et le soin minutieux des petites.

Le soin de sa maison ne l'empêchait pas de veiller aux intérêts matériels de son troupeau, et une des premières lettres que nous trouvons dans sa correspondance est adressée à un fermier des impôts, en faveur des habitants d'un petit bourg de son diocèse.

« Monsieur, lui dit-il, étant arrivé en ce lieu et ayant recognu la misère du bourg, la pauvreté des habitants et l'excessive taxe des tailles, laquelle ils ont payée jusqu'ici, j'ai creu vous debvoir faire la présente pour vous prier tout en général et chacun de vous en particulier, comme je faicts avec beaucoup d'affection, de vouloir modérer la charge laquelle ils ont été contraincts de porter à leur grande incommodité. Je me persuade que vous ne trouverez pas ma requeste inciville, principalement si vous considérez que nostre ville, en comparaison de laquelle ce malheureux bourg n'est rien, paie beaucoup moins qu'il ne faut.

« Je désire obtenir de vous volontairement le soulagement
que je scay que les voies de la justice ne me peuvent desnier ;
je n'estime pas que vous veuillez me donner subject d'en venir
à cette extrémité, qui me faict vous prier de rechef de vouloir
descharger ceux pour qui je vous escrits d'une partie du fai.
qui les accable ».

Quelques jours après, il lui écrit de nouveau, dans le même
sens et s'adresse un peu partout, aux personnes chargées d'é-
tablir l'assiette de la taxe, même au surintendant des finances,
au tout puissant Sully, pour obtenir une égale répartition et
un dégrèvement aussi considérable que possible des impôts.

Durant tout son épiscopat, Richelieu employa ainsi ses relations, son influence au soulagement de son peuple. On sent,
dans ses lettres, que ses protestations de dévouement, ses
offres de bons services ne sont pas de vaines formules, mais
qu'il désirait véritablement joindre « les effets aux paroles ».

Soit qu'il recommande, soit qu'il sollicite, il y met toute son
ardeur et tout son zèle, ne se laissant pas décourager par le
refus. Il avait d'ailleurs pour maxime « qu'un bon importun ne
se tient pas pour éconduit du premier ou du second coup ».

Recherche-t-il l'appui d'un grand ? Il s'adresse en même
temps à sa femme, à ses enfants, à sa gouvernante même, s'il
lui suppose quelque influence, à tous ceux qui peuvent lui
prêter leur concours et le faire réussir. Et comme il est heureux lorsqu'il a obtenu satisfaction, avec quelle joie il l'annonce
aux intéressés ! Aussi, nous dit l'abbé de Pure, « par les services
qu'il leur avait rendus, il avait gagné l'esprit et le cœur de tous
ses diocésains, qui lui obéissaient volontiers en toutes choses, et
considéraient leur pasteur comme un véritable père, qui savait
si bien veiller sur leurs intérêts temporels et spirituels ».

C'est surtout à ces derniers que Richelieu applique sa vive
intelligence, son esprit d'ordre et tout le zèle de sa jeune activité. Dès le 18 mars 1609, un peu plus de trois mois après son

arrivée à Luçon, il convoque un synode diocésain, afin de se mettre en communication avec son clergé. Le Concile de Trente avait sagement prescrit, pour chaque année, ces réunions ecclésiastiques, si utiles pour maintenir la discipline dans sa vigueur, réprimer les abus, imprimer une impulsion nouvelle à l'œuvre de la sanctification des âmes. Résolu de faire observer par tous ses prêtres les canons disciplinaires du saint concile, Richelieu eut à cœur de donner lui-même l'exemple en observant la loi qui prescrit la réunion annuelle du synode. Il est probable qu'il en tint un chaque année. La lettre par laquelle il recule la convocation de celui de 1610, conservée à la Bibliothèque Nationale, nous montre avec quelle gravité le jeune évêque traite les choses saintes, avec quel zèle il sait rappeler à ses prêtres les devoirs de leurs charges et les intérêts religieux et nouveaux des âmes qui leur sont confiées. Nous ne résistons pas au plaisir de la citer tout entière :

« Armand-Jean du Plessis de Richelieu, par la miséricorde de Dieu et la grâce du Saint-Siège apostolique, évêque de Luçon, à nos très chers et bien aimés confrères les abbés, doyens, chanoines, curés et autres bénéficiers de notre diocèse.

« Reconnaissant combien l'usage des synodes a été précédemment et saintement institué et pratiqué en l'Église, dès que les persécutions eurent cessé et qu'il fut loisible aux chrétiens de s'assembler pour aviser aux affaires appartenantes au bien et avancement de la religion chrétienne, maintenir tous les fidèles en l'unité de la foi, et repousser la corruption des mœurs qui ne glisse que trop facilement parmi les hommes ; ce fut ce qui nous convia de tenir notre synode, quelques mois après notre arrivée en ce lieu, pour le grand désir que nous avions de nous voir tous ensemble, pour vous exhorter et conjurer, par ce qui est de plus saint et de plus sacré au monde, de considérer quelle est la dignité et l'obligation de vos charges, afin de vous étudier et apporter toute la peine et diligence requise à vous acquitter dignement au bien et salut des âmes qui vous sont soumises, et afin de réparer par votre soin et vigilance et par l'exemple d'une bonne et sainte vie, les défauts et les désordres qui sont à notre très grand regret arrivés par le passé.

« Pour ces mêmes causes, nous serions très aises de tenir derechef notre dit synode, le treizième... selon qu'il avait accoutumé ; mais nous avons trouvé bon d'achever auparavant les visites de notre diocèse que nous avons commencées dès l'année passée, afin qu'ayant acquis plus de connaissance de l'état et des maux auxquels il faudra remédier, nous puissions plus utilement, à la tenue du premier synode, faire des statuts synodaux qui soient inviolablement observés à l'avancement de la gloire de Dieu et au bien et profit spirituel de tous nos diocésains. Et en attendant que nous vous fassions savoir notre intention, laquelle nous voulons que vous attendiez, touchant le temps auquel nous désirons vous faire venir en assemblée en ce lieu, nous vous exhortons de tout notre pouvoir que vous ayez, comme bons et fidèles pasteurs, à veiller soigneusement sur vos troupeaux, pour lesquels Notre Seigneur Jésus-Christ a bien daigné répandre son précieux sang ; et que vous vous comportiez avec tant de pureté, de modestie, de gravité et de douceur, non seulement en l'administration des sacrements et célébration du très auguste et très saint sacrifice de la messe, auquel vous devez vaquer avec toute sa crainte et le respect qui sont dûs à la divine Majesté, mais même en votre conversation ordinaire et en toutes vos actions, afin que Dieu soit loué et glorifié, et que le prochain en reçoive du bon exemple et de l'édification. Voulons et ordonnons que le présent soit lu et publié au prône de toutes les églises et affiché aux portes d'icelles.

« Fait à Luçon, le 13 avril 1610. »

Des ordonnances très sages pour la réforme des abus, l'instruction du peuple, l'administration des sacrements, l'abolition des superstitions, si fréquentes, surtout alors, dans les campagnes, etc., etc., furent la conséquence de ces différents synodes. Richelieu s'y montre minutieux et pratique, et on sent qu'il parle en maître qui veut être obéi.

C'était, certes, un autoritaire. Il l'a surabondamment prouvé lorsqu'il fut ministre, mais déjà l'administration diocésaine n'avait rien de débonnaire, et il ne supporta pas qu'on empiétât sur ses droits ou qu'on contrariât sa volonté. Cette même année 1610, pendant qu'il était à Paris, un de ses vicaires généraux, s'étant brouillé avec son collègue, lui envoie sa démission. Il lui répond, sur un ton mordant et railleur, la lettre suivante, qui est peut-être une des plus curieuses de sa correspondance.

« Monsieur, j'ai vu la lettre que vous m'écrivez touchant les différends qui sont entre le sieur de la Coussaye et vous. Je ne puis que je ne les blâme désirant que ceux qui manient les affaires de ma charge vivent paisiblement les uns avec les autres... Vous êtes tous deux mes grands-vicaires, et comme tels vous ne devez n'avoir d'autres desseins que de faire passer toute chose à mon contentement, ce qui se fera, pourvu que ce soit à la gloire de Dieu.

« Il semble par votre lettre que vous étiez en mauvaise humeur, lorsque vous avez pris la plume ; pour moi, j'aime tant mes amis que je ne désire connaître que leurs bonnes humeurs, et il me semble qu'ils ne m'en devraient pas faire paraître d'autres. Si une mouche vous a piqué, vous deviez la tuer, et non tâcher d'en faire sentir l'aiguillon à ceux qui se sont, par la grâce de Dieu, jusqu'ici garantis de piqûres. Je sais, Dieu merci, me gouverner, et sais davantage comme ceux qui sont sous moi se doivent gouverner... Je trouve bon que vous m'avertissiez des désordres qui sont dans mon diocèse ;

mais il est besoin de le faire plus froidement, n'y ayant point de doute que la chaleur piquerait en ce temps-ci ceux qui ont le sang chaud comme moi, s'ils n'avaient quelque moyen de s'en garantir.

« Vous dites que vous renonceriez volontiers au titre que je vous ai donné ; je l'ai fait pour vous obliger, vous croyant capable de rendre service à l'Église. Si je me suis trompé en ce faisant, vous désobligeant au lieu de vous gratifier, j'en suis fâché ; mais je vous dirai qu'à toute faute il n'y a qu'amende : je ne force personne à recevoir du bien de moi. Vous prêchez aux autres le libéral arbitre ; il vous est libre de vous en servir...

« Je vous écris cette lettre non en l'humeur que vous étiez quand vous m'écrivîtes, mais je ne laisse pas de rendre mon style conforme au vôtre pour vous plaire. Au reste, je vous assure que l'affection que je vous ai toujours portée ne diminuera jamais, tandis que vous me témoignerez vouloir vivre avec moi, selon que j'ai toujours espéré de vous. J'ai recherché les occasions de vous témoigner ma bonne volonté ; je crois que vous reconnaissez en avoir reçu des témoignages, lesquels je vous rendrai encore, si c'était à recommencer ne regrettant pas d'avoir eu le moyen de faire paraître quel ami je suis en chose qui vous fût utile. Vous le devez croire, puisque je vous assure que je suis,

« Votre bien affectueusement à vous servir,

« ARMAND,
« évêque de Luçon. »

Il n'était ni moins fin, ni moins ironique lorsqu'il s'agissait de s'opposer aux abus alors trop fréquents dans la nomination aux bénéfices. Nombre de seigneurs avaient droit de présentation, et il était difficile de refuser le sujet de leur choix qui parfois était peu recommandable. Employant tour à tour la fermeté, la fine ironie ou le compliment, Richelieu savait parfaitement sauvegarder les intérêts religieux de son diocèse, sans blesser les susceptibilités des grands seigneurs, écarter

LE CARDINAL CHARLES DE LORRAINE.

les sujets incapables ou indignes, et ne faire que des nominations conformes à sa conscience.

« Madame, écrivait-il à Mme de Sainte-Croix, qui lui avait

proposé un candidat pour une cure vacante, un nommé André s'étant présenté, je prends la plume pour vous avertir de son incapacité, et vous supplier, sachant le respect que je vous dois, d'avoir pour agréable qu'en faisant ma charge, je le refuse pour conduire un troupeau si cher à Jésus-Christ, comme est celui des âmes qu'il a rachetées par son sang. S'il vous plaisait révoquer la présentation dudit André, et trouver bon que cette cure fût mise au concours comme celles purement en ma collation, vous feriez une action digne de vous et rendriez un service signalé à celui que vous servez si religieusement, attendu qu'outre le bien que vous procureriez par ce moyen à ceux de cette paroisse dont vous êtes présentatrice, mon diocèse en recevrait un bien général, ne faisant point de doute que ceux qui ont des présentations comme vous ne suivent votre exemple. »

Puis il charge cette dame de dire à son protégé « qu'il sera reçu au concours s'il estime sa capacité assez grande pour disputer par mérite ce bénéfice ».

Ces petites difficultés et ces démêlés intimes n'empêchaient pas l'évêque de pourvoir aux besoins généraux de son diocèse. Un de ceux-ci, et des plus grands, était l'érection d'un séminaire.

Il y avait cinquante ans que le Concile de Trente en avait prescrit l'établissement dans tous les diocèses, et il n'y en avait pas encore, en France. Le cardinal Charles de Lorraine en avait, il est vrai, fondé un à Reims en 1567, mais il ne fut ouvert que quelques années et fut détruit par la guerre de religion.

Richelieu eut donc la gloire et le mérite de donner l'exemple à ses collègues dans l'épiscopat. Malgré les difficultés de l'entreprise, il eut la joie de la mener à la bonne fin. En 1611, il s'assure de collaborateurs intelligents et zélés pour la direction de son séminaire. Le 12 mars 1612, il achète de ses propres deniers une maison où il installe provisoirement les premiers élèves et leurs maîtres. La même année, il obtient des syndics du diocèse l'autorisation de bâtir un séminaire, et de lever une taxe sur le clergé pour sa construction et sa dotation. Toutes ces dispositions furent sanctionnées par l'autorité royale, et le séminaire fonctionna à la grande satisfaction de tous. Quelques années plus tard, il en confiait la direction aux prêtres de l'Oratoire, qu'il avait déjà appelés dans son diocèse pour y prêcher des missions.

Les missions ! C'est là encore une des grandes œuvres du nouvel évêque de Luçon. Avec les Oratoriens, il fit venir des Capucins, qu'il établit à Luçon et aux Sables-d'Olonne. Il comptait sur leur concours pour évangéliser les campagnes, ramener les protestants à la foi de leurs pères, et aussi pour fonder à Luçon un hospice, où ils soigneraient les nombreuses victimes que faisaient, chaque année, les émanations pestilentielles des marais environnants.

Tous ces projets, inspirés par le zèle et la charité, se réalisèrent. Le couvent des Sables-d'Olonne fut inauguré en 1616 ; celui de Luçon en 1619.

Les Capucins commencèrent aussitôt leurs prédications simples, familières et tout apostoliques ; ils firent merveille.

« L'année passée, au mois d'octobre, dit le *Mercure français* de 1622, les pères Capucins de la mission du Poitou, par leurs prédications, convertirent la plus grande partie des religionnaires de l'île de Maillezais et plusieurs de ceux de Fontenay, Ponzauges et la Châtaigneraie. Ils furent, à Mouchamps, et à Vendrennes, sur les terres de Mme la duchesse douairière de Rohan, où la messe n'avait été dite, il y a soixante ans.

« Le grand vicaire de Luçon ayant réconcilié l'église de Mouchamps et chanté en icelle la première messe, les pères Capucins firent, sous les halles dudit Mouchamps, plusieurs prédications où tous les gentilshommes des environs, de l'une et l'autre religion, et une grande multitude de peuple se trouvèrent. »

Les prédications, la persuasion, la charité, le zèle apostolique déployé dans ses tournées pastorales, où il ne manquait jamais de leur adresser les plus pressantes exhortations, furent les seules armes employées par Richelieu contre les protestants. Si, plus tard, à la Rochelle, par exemple, il les combat avec des armes bien différentes, c'est qu'il ne pouvait plus voir en eux des frères égarés, que la charité évangélique ordonne d'éclairer et de convertir, mais des perturbateurs de l'ordre public, des insoumis et des révoltés qu'il fallait châtier.

Il exprime très clairement sa double manière d'agir dans son instruction à Schonberg, rédigée en 1618, dès son arrivée au pouvoir.

« Autres, dit-il, sont les intérêts d'État qui lient les princes, et autres les intérêts du salut de nos âmes qui nous obligent pour nous-même à vivre, et à mourir en l'Église en laquelle nous sommes nés, ne nous restreignant au respect d'autrui qu'à les y désirer et non pas à les y amener par la force et les contraindre. »

Et parlant des protestants français, il ajoute : « Il n'est pas question de religion, mais de rébellion ; le Roi veut traiter tous ses sujets, de quelque religion que ce soit, également, mais il veut aussi, comme la raison le requiert, que les uns et les autres se tiennent en leur devoir. »

Sous ce rapport, sa conduite n'a jamais varié.

III

L'HOMME.

Nous venons d'esquisser à grands traits l'œuvre de l'évêque de Luçon. M. Hanotaux, qui a si bien étudié Richelieu, surtout dans sa carrière politique, trace de lui ce portrait, d'après

une estampe rare et curieuse, faite alors qu'il quittait une première fois son diocèse, pour devenir ministre, à trente ans :

« Sur un corps maigre, droit, élancé, une figure longue et

— LE CARDINAL DE RICHELIEU. —

pâle, encadrée d'une chevelure noire, tombant en boucles
abondantes, un nez long, fort, busqué, se rattachant, par deux
sourcils élevés, comme étonnés, à un front imposant et grave,

une bouche charmante, pleine à la fois de volontés et de sourires, l'ensemble de ces traits expressifs caractérise une physionomie dont la forte construction aquiline se dissimule encore sous les grâces de la jeunesse. La moustache, relevée gaîment « à la soldade » et la royale, taillée en pointe, affinent et allongent encore cette figure triangulaire qui s'aiguise et luit dans l'acier d'un regard vif et tranchant.

« L'œil parle, il résume, dans sa mobilité profonde, les contradictions de ce grand corps à la fois anguleux et souple, de cette physionomie dure et souriante. Il y a dans cet œil, la clarté, la sûreté du regard poitevin. Parfois pourtant, la paupière tombe, et l'œil se voile des ombres épaisses qu'amasse la réflexion intérieure. Un sourire l'égaie, une larme le mouille avec une mobilité nerveuse, tout d'abord sincère, plus tard calculée et voulue.

« Vêtu de la robe violette, coiffé du bonnet carré, portant le large col blanc qui convient à la pâleur de son teint, la main en avant, allongée et très fine, jeune, prompt, fébrile, l'évêque de Luçon s'avance dans la foule des inconnus, du pas ferme, qui se sent parti pour les longs chemins (¹). »

Avant de l'y suivre, pénétrons un peu dans son intimité, afin de le mieux connaître.

Sa correspondance particulière, surtout durant son épiscopat, nous montre un prélat aimable, hospitalier, bon et affectueux pour ses amis, accueillant et serviable pour tous, qualités que la politique lui enlèvera en partie, et que l'on aura peine à retrouver dans les dernières années de son ministère, alors que les conspirations sans cesse ourdies contre lui, l'auront aigri et obligé à traiter avec rigueur ses terribles adversaires, toujours punis, jamais vaincus, et puisant dans cette juste sévérité du ministre un nouveau prétexte à de nouvelles révoltes.

---

1. Hanotaux, *Histoire de Richelieu*, t. I, p. 132.

Mais, à Luçon, le jeune prélat séduisait tout le monde par les charmes de sa jeunesse même, par la vivacité et les grâces de son esprit. Si, plus tard, tout pliait sous son autorité, si tous le redoutaient, on peut dire qu'alors tous l'aimaient.

Sa mère ne sait comment lui exprimer sa reconnaissance pour tous les soins affectueux dont il l'entoure. Les folles dépenses de son fils aîné avaient amoindri sa fortune à ce point que l'évêque dut lui offrir une pension, qui lui permit de vivre honorablement dans sa terre de Richelieu. Elle lui écrit : « Mon fils, la façon dont vous m'obligez, m'oblige doublement, et je vous puis jurer avec vérité que le ressentiment que j'en ai est tel que je ne saurais vous dire, non plus que les irrésolutions où je suis. Cette inquiétude-là me tue, et je vois bien que je n'aurai jamais joie que lorsque, vous sachant tous heureux, je serai en paradis. Je supplie Dieu que ce bien m'arrive bientôt et qu'il vous donne ici et au ciel la récompense de la bonne volonté que vous témoignez. Je vous écris cette lettre sans savoir encore ce que je dois vous dire et ce que je dois faire ; mais néanmoins, je vois que tout s'oppose à ma retraite, de sorte qu'il faudra que j'accepte la dernière offre que vous me faites en demeurant ici, et cela avec le déplaisir que j'ai de vous causer une telle incommodité. Je vous dis encore une fois que cette peine-là me fait plus souffrir que vous le supposez, et supplie Dieu qu'il vous donne sa sainte bénédiction, et vous de m'aimer toujours. »

Bien qu'il fût le plus jeune des fils, son caractère épiscopal, la maturité de son jugement, et les hautes fonctions qu'il occupa, le firent considérer comme le chef de la famille ; jamais il ne se déroba aux obligations et même aux responsabilités et aux sacrifices que ce titre impose souvent. Lorsque sa sœur, Mme de Pont-Courlay, mourut, en 1616, l'évêque de Luçon adopta ses deux enfants, qu'il fit élever et établit avantageusement. L'aînée fut la célèbre duchesse d'Aiguillon ; le cadet, François de Vignerol, devint plus tard, grâce à son oncle, général des galères du roi. C'est encore l'évêque de Luçon qui négocia le mariage de sa plus jeune sœur, Nicole, avec le marquis de Brézé, et si Marie de Médicis déposa tant de splendeurs dans la corbeille de noces des jeunes époux, ce fut encore en considération de son conseiller, qu'elle aimait, et en qui elle avait toute confiance. Pour ses frères, Henri et Alphonse, bien que leur cadet, il fut un conseiller souvent écouté, un protecteur dont le crédit était toujours à leur disposition.

Richelieu fut aussi un ami fidèle. Son grand-père maternel l'avait, à sa mort, recommandé instamment à Denis Bouthillier, qui lui avait succédé dans sa charge d'avocat au Parlement. Pendant ses études, le jeune Armand vécut dans l'intimité des quatre enfants de Bouthillier, et resta toujours leur ami.

A son arrivée à Luçon, il pourvut d'un canonicat dans sa cathédrale l'un de ses anciens commensaux, Sébastien, abbé de la Cochère, auquel il conserva toujours sa confiance et son affection, le chargeant souvent de ses affaires d'intérêt et parfois des missions délicates, dont il s'acquittait avec le tact le plus exquis. L'amitié d'ailleurs était réciproque entre ces deux belles âmes : l'abbé de la Cochère écrivait à Richelieu qui l'avait envoyé à Paris aussitôt après l'assassinat d'Henri IV : « Je ne puis m'empêcher de vous faire de longs discours. Je vous en demande pardon. Je serais encore plus long si je me mettais à vous dire l'extrême regret que je ressens d'être éloigné de vous. » Ce fut l'abbé de la Cochère, devenu par l'influence de Richelieu aumônier de la reine, qui sollicita et obtint à Rome le cardinalat pour l'évêque de Luçon. Richelieu le fit nommer plus tard à l'évêché d'Aire.

Qui n'a entendu parler de l'*Éminence grise*, cet autre ami de l'Éminence... rouge. François le Clerc du Tremblay était officier, et s'était signalé déjà par de nombreux et brillants faits d'armes lorsqu'il comprit que Dieu l'appelait à des luttes plus pacifiques ; sacrifiant aussitôt les avantages qui lui offrait la carrière militaire pour répondre aux inspirations de la grâce. A 22 ans, il revêt l'habit de St-François pour faire son noviciat au couvent de la rue St-Honoré, à Paris. L'humble Capucin devait devenir un jour le célèbre Père Joseph, l'ami, le conseiller, le bras droit du grand ministre. En 1611, le P. Joseph

— HENRI IV. —

résidait au couvent de Chinon, et l'évêque de Luçon ne visitait jamais son prieuré des Roches près Chinon, sans aller voir ou sans prier de se rendre près de lui le vertueux Capucin, dont il avait apprécié les éminentes qualités, lorsque ensemble ils avaient travaillé à la réforme de la célèbre abbaye de Fonte-vrault.

« Vous remarquerez, dit le Pré Balain dans son style emphatique mais si pittoresque, que ce fut la première entrevue de ces deux grands esprits, la première affaire qu'ils ont traitée ensemble, et dès lors ces deux puissants génies s'ajustèrent si bien qu'aussitôt qu'il eut reçu l'ordre du gouvernail de cette monarchie et qu'il se reconnut être l'Atlas de la France, il demanda au Pape et au roi le P. Joseph pour le soulager d'un si grand faix ([1]). »

Ces deux esprits s'étaient en effet si bien *ajustés*, que Richelieu prit le P. Joseph pour confesseur et directeur de sa conscience, et à peine arrivé au ministère, il voulut l'avoir près de lui. « Comme vous êtes, lui écrit-il, le principal agent dont Dieu s'est servi pour me conduire dans tous les honneurs où je me vois élevé, je me sens obligé de vous apprendre qu'il a plu au roi me donner la charge de son premier ministre à la prière de la reine; mais en même temps, je vous prie d'avancer votre voyage et de venir au plus tôt partager avec moi le maniement des affaires. Il y en a de pressantes que je ne veux confier à personne, ni résoudre sans votre avis. Venez donc promptement recevoir les témoignages de toute l'estime qu'a pour vous le cardinal de Richelieu. »

Plus tard, il lui confiera les négociations les plus épineuses en Allemagne, en Italie, en Suisse, etc. « Personne, disait-il, ne peut faire la barbe à mon Capucin, quelque longue qu'il la porte. » Cette intimité, cette mutuelle confiance entre le grand ministre et l'humble religieux durèrent jusqu'à la mort de celui-ci. Quand le P. Joseph tomba malade, Richelieu le visita plusieurs fois chaque jour de sa maladie et y demeurait fort longtemps, témoignant les regrets qu'il avait de voir éteindre ce grand flambeau qu'il avait eu si longtemps proche de lui. » Au dernier moment, l'affliction du cardinal fut telle

---

1. Le Pré Balain, *Vie du V. Joseph.*

qu'il tomba malade. On l'entendait répéter avec des sanglots : « Où est mon appui ? Je n'ai plus d'appui (1) ! »

Celui à qui la mort de ses amis arrachait de tels soupirs, méritait d'en avoir comme le P. Joseph.

Nous trouvons encore dans la correspondance privée de l'évêque de Luçon, nombre de lettres de ses collègues dans l'épiscopat. Si les grands, les puissants du monde ne semblent guère avoir deviné son génie et le rôle qu'il devait jouer en France, ces lettres nous montrent que les évêques qui l'approchaient de plus près, et pouvaient mieux apprécier ses talents, présageaient déjà ce qu'il serait un jour ; elles nous disent aussi quelle amitié solide unissait l'évêque de Luçon avec la plupart de ses correspondants.

En passe de devenir grand homme, Richelieu avait cependant ses faiblesses, ses petites manies, qui n'en a pas ?... Les... vieilles filles, dit-on, aiment les chats, ne médisons pas d'elles, ce sont souvent de saintes filles, et puis, elles ont cela de commun avec au moins un grand homme. Oui, Richelieu aimait ce félin égoïste et cruel, mais souple et astucieux ; et l'histoire, la grave et véridique histoire, nous rapporte qu'il avait presque toujours sur son bureau, deux ou trois petits chats ronronnant, cabriolant, renversant son écritoire, s'insinuant dans sa simarre et parfois... égratignant la main du maître qui les caressait ; lui apprenant qu'il ne faut pas toujours compter sur la reconnaissance, et que souvent les bienfaits sont payés par la plus noire ingratitude.

Nous avons vu l'évêque zélé, laborieux, tout entier à ses études théologiques et, plus tard, à ses fonctions pastorales. Tant que dura son épiscopat, il ne se départit jamais de cette régularité et de cette application aux choses de Dieu. Sa piété n'avait pas les élans mystiques de S. François de Sales, ni la

---

1. *Le testament et les dernières paroles du P. Joseph*, par une fille du Calvaire. Bibl. de Poitiers, n° 281, f°s 22 et 23.

délicatesse et l'onction du père de Bérulle. Il ne savait ni trouver, ni dire ces paroles qui vont droit à l'âme, et émeuvent le
cœur, et qui faisaient de ces saints personnages les directeurs
de conscience les plus renommés de l'époque. Chez lui, la
raison domine toujours le cœur. Sa vertu consistait à remplir
un devoir, tout son devoir.

« On a trouvé dans ses papiers, dit M. l'abbé Lacroix (¹), la

NOTRE-DAME DES ARDILLIERS.

pièce suivante qui, au dire de M. Avenel, doit être rapportée
à l'année 1621, quand il était si cruellement éprouvé par ses
douleurs de tête :

« S'il plaît à la divine bonté, par l'intercession du bienheureux apôtre et bien aimé S. Jean mon patron, me renvoyer

---

1. *Richelieu à Luçon*, p. 169.

ma santé et me délivrer dans huit jours d'un mal de tête extraordinaire qui me tourmente, je promets de fonder en ma maison de Richelieu une messe qui se célébrera tous les dimanches

LOUIS XIII.

de l'année, et pour cet effet donnerai à un chapelain, de revenu
annuel 36 livres pour les messes qui seront célébrées en actions
de grâces. »

Et le savant auteur de *Richelieu à Luçon* ajoute ces réflexions fort justes : « le document prouve que chez Richelieu les croyances ne se bornaient pas aux grandes et fondamentales vérités du christianisme. Elles s'étendaient jusqu'aux pratiques de dévotion les plus confiantes et les plus naïves. Mais le caractère de l'impérieux ministre se retrouve même dans ses prières. Il ne donne à Dieu que huit jours pour le guérir de ses maux de tête. Passé ce délai, s'il n'éprouve aucun soulagement, il se regardera comme libre de tout engagement. Plus tard il n'agira pas autrement avec les princes de l'Europe. Dans ses négociations diplomatiques, et dans ses traités d'alliance, il ne donnera jamais rien. Il ne se piquera ni de désintéressement, ni d'esprit chevaleresque. Mais de la part d'un évêque, la générosité, du moins vis-à-vis de Dieu, eut été plus séante.

« Il était, dit encore le même auteur, très dévot à N.-D. des Ardilliers. C'était (et c'est encore) un sanctuaire célèbre de Saumur. Le culte de la Sainte Vierge y datait du XVe siècle ; il y avait une fontaine miraculeuse. Richelieu y venait souvent en pèlerinage. Plus tard, il y conduisit le roi et les deux reines. C'est dans ce sanctuaire, dont une chapelle avait été construite aux frais du cardinal, que Louis XIII vint remercier la Sainte Vierge, après la prise de la Rochelle. »

IV

L'ÉCRIVAIN ASCÉTIQUE.

LA sollicitude de Richelieu ne s'étendait pas seulement à son petit diocèse de Luçon. Il ne se contentait pas de bien l'administrer, de prêcher la doctrine à tous ses diocésains catholiques et protestants. Son activité trouve encore des loisirs pour composer de petits traités édifiants et des ouvrages de controverse. En 1613, il fait paraître les *Ordonnances synodales ;* en 1618, *les Principaux points de la Foi de l'Église catholique ;* en 1619, *l'Instruction du Chrétien et la Méthode pour convertir ceux qui se sont séparés de l'Église.* Ce sont, il est vrai, les seuls ouvrages que nous ayons de lui, mais les éditeurs de la *Méthode* parlent de plusieurs autres qu'il avait composés.

On le voit, la parole ne lui suffisait pas pour instruire son troupeau ; son zèle lui fait saisir la plume, et par elle il étend son influence au delà des limites de son diocèse. Quelques-uns de ces écrits, et spécialement l'*Instruction du Chrétien,* sont particulièrement remarquables. « Le plus grand soin de l'auteur, dit-il lui-même, en débutant, a été de s'abaisser ; son but étant plutôt de paître des colombes que des aigles... Pour cet effet, il a laissé tout ornement et omis plusieurs choses qui eussent pu marquer quelque érudition en lui et plaire aux doctes. »

Voici l'appréciation de M. Hanotaux ([1]) sur cet ouvrage : « Cette simplicité fait tout le mérite, mais le mérite presque extraordinaire de ce petit livret. C'est un catéchisme très clair, tout usuel, qui met les vérités de la foi à la portée des âmes les plus naïves. Il y avait peu de tels écrits à cette époque, et je doute qu'on en ait publié beaucoup, depuis lors, répondant mieux à la pensée de venir en aide aux humbles et aux ignorants. Une explication et un court commentaire du *Credo,* des commandements de Dieu et de ceux de l'Église, de l'Oraison Dominicale, et de la Salutation Angélique ; c'est là tout le livre, et c'est tout ce qu'il faut à la grande masse des Chrétiens.

« Pas de doctrine, mais un soin particulier d'éviter les discussions oiseuses et les difficultés stériles, peu de chaleur, de la clarté et de la lumière. Il y a quelque chose de véritablement touchant dans le zèle avec lequel un esprit si vigoureux s'abaisse vers les faibles et se met à leur portée...

1. *Histoire du Cardinal,* t. I, p. 108.

« Ce livre eut, paraît-il, un grand succès. Il fut très répandu en France et fut traduit en plusieurs langues. On peut le louer d'un seul mot que répètent plusieurs contemporains : Il fit beaucoup de bien. »

Mgr Freppel dans son ouvrage sur Bossuet et l'éloquence sacrée au XVIIe siècle, étudie avec soin le cardinal de Richelieu. Il loue la logique de ses controverses, la netteté de ses exposés de doctrine, et présente d'une façon fort piquante ce fameux *Traité de perfection chrétienne*, écrit dans le tumulte des camps et dans les intrigues de la cour, par le prélat le moins contemplatif du siècle.

Mais Richelieu rêvait d'un théâtre plus vaste que Luçon, et ambitionnait une autorité plus grande que celle que lui conférait son titre épiscopal. Les difficultés qu'il rencontrait dans son administration diocésaine, l'obligation où il était souvent de ménager les susceptibilités d'une noblesse ombrageuse, de contenir les sourdes menées des protestants toujours prêts à se révolter, lui donnèrent sans doute la pensée de jouer un rôle politique. Car son âme si éminemment française comprenait que la France entière souffrait plus ou moins des maux qui affligeaient cette petite portion de son territoire.

Un curieux document écrit de sa main, en 1610, un peu avant la mort de Henri IV, et qui a pour titre : *Instructions que je me suis données pour me conduire à la cour*, nous montre que Richelieu cherchait déjà à s'introduire près du roi, et à prendre part aux affaires publiques.

Nous ne suivrons point Richelieu à la cour, dans les conseils du roi, où il fut appelé d'abord, comme secrétaire d'État, sous le ministère Concini, et plus tard, comme premier ministre. Richelieu alors n'appartient plus à Luçon, à notre chère Vendée, mais à la France. Parvenu au pouvoir, il la voulut grande, et pour cela il employa toutes ses forces, toute son énergie à l'achèvement de l'unité française par la ruine de la maison d'Espagne, l'abaissement de l'Autriche, et l'établissement définitif de l'autorité absolue du roi. Il n'eut pas la consolation de vivre assez longtemps pour voir l'achèvement de son œuvre.

« Pour gouverner les hommes, écrivait M. Poujoulat ([1]), il faut savoir quelque chose des secrets de Dieu. » Les longues et sérieuses études théologiques de Richelieu l'avaient préparé à ce gouvernement ; il l'a exercé d'une main sûre, avec un sens pratique remarquable, une agilité et une souplesse merveilleuses, en véritable homme d'État. Il fut peut-être le ministre le plus français et le plus patriote, qui ait jamais présidé aux destinées de la France.

« Lorsque, dans deux cents ans, disait le poète Voiture, son contemporain, ceux qui viendront après nous liront l'histoire du cardinal de Richelieu ; s'ils ont quelque goutte de sang français dans les veines et quelque amour pour la gloire de leur pays, pourront-ils lire ces choses sans s'affectionner à lui? »

Parvenu au faîte des grandeurs, devenu ministre tout puissant de Louis XIII, Richelieu n'oublia jamais les pauvres populations du Bas-Poitou auxquelles il avait consacré les prémices de son zèle, en les quittant, il leur avait fait des promesses qu'il n'oublia jamais. C'est par ces adieux de l'évêque à son chapitre de Luçon que nous terminerons cette étude de sa vie :

« Messieurs, leur écrivait-il, le 5 juin 1623, ç'a été à mon grand regret que je me suis démis de mon évêché pour ne pouvoir y rendre en personne l'assiduité que mon devoir désirait de moi ; mais les lois de ma conscience m'y ayant obligé, je me suis étudié à transporter cette dignité à une personne dont vous puissiez recevoir de la consolation et qui peut apporter quant et quant, en l'exercice de la charge, le soin et la vigilance nécessaires. Une seule chose me suis réservée que je me réserverai inviolablement, savoir le contentement d'avoir

---

1. *Lettres sur Bossuet à un homme d'État*, p. 189.

été longtemps chef d'une compagnie au bien et au mérite de laquelle j'ai, dès le commencement, voué mon cœur et mon affection et de plus la volonté immuable de vous servir ès occasions avec autant de zèle que jamais, désirant vous faire ressentir de ce transport cet avantage que, pour un évêque, vous soyez assurés d'en avoir deux, et celui qui vous assistera par sa présence, et moi qui, bien qu'absent, aurai toujours le même esprit de charité pour tous, et la même passion à rechercher vos intérêts que j'ai ci-devant témoignée. L'inclination que vous avez de tout temps montrée à m'aimer vous conviera, je m'assure, à me rendre la pareille et à vous souvenir de moi en vos prières publiques et privées, comme je vous en supplie d'affection.

« Je vous ai aussi obtenu une décharge de décimes que je vous envoie pour preuve assurée de ce que je désirerais faire pour vous en plus importante occurrence, et du désir que j'ai qu'ayant place en vos cœurs, vous vous souveniez de moi au chœur de votre église, et que vous croyez que je suis certainement, Messieurs, votre bien affectionné à vous servir, en toutes occasions.

> « Le cardinal DE RICHELIEU.

« *A Fontainebleau, le 16 janvier 1623.* »

Il tint parole, et continua avec zèle les réparations commencées au palais épiscopal, qu'il ne devait plus habiter. Il avait quitté son diocèse dans le cours de 1623. Au milieu de ses préoccupations continuelles, le grand homme n'oublia pas Luçon. Il ne cessa d'étendre sur son ancien diocèse sa main bienfaisante et il en était le génie tutélaire. Selon sa promesse, il en resta l'évêque haut protecteur. Tout se faisait sous ses auspices; presque tout par ses conseils.

Sa position à la cour lui permit de seconder le zèle de ses successeurs dans leur résistance aux entreprises des calvinistes, et s'il eut le tort de se réserver une pension sur l'évêché, il eut la générosité d'ouvrir largement sa bourse en faveur des œuvres diocésaines.

En 1628, il prendra la Rochelle, et mettra fin à la guerre civile qui, plus de soixante ans, désolait notre Bas-Poitou.

LE CARDINAL DE RICHELIEU,
d'après une médaille de l'*Histoire de France*, (calcographie du Louvre.)

EN BRETAGNE.

Gabriel Deshayes naquit, le 6 décembre, à Beignon (Morbihan). Il montra, dès son enfance, d'étonnantes dispositions à la piété et à la vertu. Ses parents, d'une nais-

S. VINCENT DE PAUL.

sance obscure, lui donnèrent de suite le goût du travail. Dans ses jeunes années, il allait simplement garder les troupeaux de son père, et il s'acquittait de cette humble mission avec la plus grande obéissance.

1. D'après ses historiens, feu M. l'abbé Laveau, du clergé d'Orléans, et M. l'abbé Blain, aumônier de l'Institution des Sourds-Muets, à Poitiers.

S. Vincent de Paul, berger, lui aussi, dans sa jeunesse, avait

préludé à ses incroyables charités en donnant à un pauvre la somme de trente sous, toute sa richesse d'alors.

Le jeune Deshayes, pareillement, n'eut pas la patience d'attendre longtemps, pour commencer les bonnes œuvres qui devaient remplir sa longue vie. « Chez son père, dit son historien, il donnait aux pauvres tout ce qui lui tombait sous la main, du linge à celui-ci, des bas à celui-là, une moitié de pain à l'un, une tête de veau à l'autre — son père exerçait la double profession de boucher et de laboureur.

« Quelquefois même, le petit larron allait plus loin. « Il faut « du bois, se disait-il à lui-même, pour faire cuire la viande, et « les malheureux n'ont pas toujours du bois ; qui m'empêche de « faire une aumône complète » ? Il enlevait donc adroitement la viande qui était au feu pour le dîner de la famille, et la donnait aux indigents.

« Ce fut là le point saillant de ses années d'adolescence, et il donnait d'autant plus libre cours à ses généreux instincts qu'il entendait discrètement répéter autour de lui : « Ce que Ga- « briel donne en largesses aux pauvres, par la porte, nous rentre « par la fenêtre ».

De tels indices et d'autres marques encore faisaient augurer que le ciel appelait l'enfant à de plus hautes destinées. On le mit aux études.

A St-Méen, pendant les années qu'il vécut au séminaire, puis à Dinan, pendant son cours de théologie, le jeune lévite prit rang parmi les plus brillants élèves. Déjà son étonnante rectitude de jugement, une rare connaissance du cœur humain, une piété aimable, laissaient pressentir à ses maîtres quel ouvrier il serait pour l'Église.

Gabriel avait l'âge d'homme aux premiers grondements de la tourmente révolutionnaire. En 1792, il était diacre. Les prêtres, chassés de leurs paroisses se réfugiaient pour la plupart à l'étranger, et les évêques mangeaient, eux aussi, le pain de l'exil. Les séminaires avaient fermé leurs portes.

Un jour, au bas de la falaise, certain bateau-chaland attend des passagers d'aventure. Gabriel et deux compatriotes, diacres comme lui, embarquent et prennent la mer. Où le flot les portera-t-il ? Ils voguaient à la grâce de Dieu, confiants en la Providence, car ils sont à la recherche d'un apôtre, qui marquera leur front de l'onction sacerdotale en armant ces vaillants pour la lutte. Le bateau conduit providentiellement nos jeunes téméraires à Jersey, et c'est de la main de son propre évêque, M' Lemaintier, évêque de St-Malô et retiré sur cette île anglaise, que Gabriel Deshayes reçoit l'ordination et juridiction.

Le jour même de son élévation au sacerdoce M. Deshayes se rembarque pour la France, où l'anarchie est à son comble. Il met pied à terre à Granville. Trois jours lui avaient suffi pour son voyage. A peine descendu à terre, les satellites l'entourent. Mais son assurance le sauve. Il traverse hardiment toute la ville d'Avranches, accompagné d'une demoiselle, d'une bonne et d'un petit enfant, et donne complètement le change à l'ennemi.

Pour ne pas rester trop au dessous de sa sublime mission, à cette époque, il fallait tout à la fois, et une activité prodigieuse et un courage vraiment audacieux. M. Deshayes le comprit. Secondé heureusement par des forces physiques peu communes, on eût dit qu'il se jouait du danger, et que la fatigue était pour lui un mot vide de sens.

On le poursuivait avec fureur, et il avait dû s'y attendre, ayant choisi pour théâtre de ses travaux apostoliques son propre pays.

Il fut obligé dans une alerte de demeurer quatre jours entiers caché sous des fagots. Un autre jour, il vit des soldats qui battaient la campagne. Impossible d'éviter leurs regards, et il allait infailliblement tomber entre leurs mains. Sans s'intimider le moins du monde, il aborde tranquillement un meunier, conduisant des chevaux chargés de grains ou de farine. « Mon ami, lui dit-il, vite votre bonnet et votre fouet, et laissez-moi

conduire vos bêtes. » Le brave homme y consent ; et M. Deshayes, bien et dûment coiffé d'un bonnet blanc, faisant claquer
son fouet, pour le moins aussi bien qu'un autre, et imitant dans
la perfection toutes les allures d'un meunier, passe sans danger
comme sans crainte devant la redoutable patrouille.

Laissons-le parler lui-même. « Un jour, écrit-il, après nos
courses ordinaires, nous devions, M. Georges ([1]) et moi, trouver refuge dans un château où nous étions attendus. Nous
avions besoin d'une bonne réfection, car la faim se faisait vivement sentir. Nous entrons, et par prudence on nous fait monter au premier. Nous trouvons le repas servi ; mais nous n'en
eûmes que la vue. A peine étions-nous à table qu'une servante,
qui faisait le guet, se précipite vers nous et s'écrie : « Les bleus
à pleine cour ! » Nous étions vendus. M. Georges tremblait
comme la feuille. Heureusement je me possédais mieux, et je
lui dis tout bas : « Cette fenêtre donne sur le jardin, élançons-
nous. » Voyant qu'il n'osait, je le saisis dans mes bras, je le
laisse tomber sur le sol et je le suis. « Silence, lui dis-je alors ;
il y a au bout du jardin une douve large et profonde ; je vais
vous ensevelir dans les broussailles qui la bordent ; moi, je la
franchirai. »

« Ce n'était pas le moment de discourir. Je le prends donc,
je le jette dans le hallier à l'endroit le plus épais, et d'un bond
je franchis la douve. A peine étais-je raffermi sur mes pieds,
que j'aperçois, aux deux coins du mur qui continuait la douve,
six *bleus* armés de leurs fusils, prêts à tirer. Que faire ? Rentrer dans le jardin ? Il était rempli de soldats. C'était me livrer
à la mort pieds et mains liés, il valait mieux la braver. Trois
fois, le cri : *Halte-là* se fit entendre, et je l'entendais très bien ;
mais au lieu de m'arrêter, je fuis à toutes jambes. A l'instant
douze coups de fusil partent à la fois, et douze balles sifflent à

---

1. C'était un des six héroïques prêtres, associés à la même œuvre d'apostolat.

mes oreilles ; mais grâce à la Providence aucune ne m'atteignit. Mes ennemis n'en deviennent que plus furieux. Ils se précipitent sur mes pas, sans se donner le temps de recharger leurs armes.

« Malgré mon jeûne, la présence du danger avait triplé ma vitesse. Je ne tardai pas à être en avance d'un quart de lieue ; et pour surcroît d'avantage, je me vis sur le bord d'une petite rivière qui me barrait le chemin. Sans hésiter, je la franchis à l'endroit où je me trouvai. Le détachement fut moins hardi ; il

— VILLE D'AURAY. — Ste-ANNE D'AURAY. —

prit son temps pour chercher un passage et j'en profitai pour me perdre dans une vaste lande où j'aperçus un paysan qui coupait la bruyère. J'étais auprès de lui avant que la troupe reparût. Mon villageois, que je connaissais, était un brave homme. D'une main, je lui enlève son bonnet rouge ; de l'autre, je saisis sa serpe, et cela faisant : « Cours, lui dis-je, me chercher de la galette et du cidre ; les bleus me poursuivent et je meurs de faim. »

« Il partit à l'instant, et je continuai sa besogne. Les républicains m'aperçurent, et quand ils purent se faire entendre, ils me demandèrent si je n'avais pas vu quelqu'un fuir, et dans quelle direction. Je m'évertuai du geste et de la voix pour leur faire précipiter la marche dans un sens opposé à l'endroit où j'étais, et aussi à la demeure de l'honnête paysan dont j'attendais un secours de plus en plus nécessaire. Nos gens se mirent à courir du côté que je leur avais indiqué, et ils disparurent pour toujours. Et moi, avec une joie égale à la faim qui me dévorait, je vis revenir mon charitable villageois, chargé de plusieurs galettes et d'une cruche de cidre...

« Quant à M. Georges, je le sauvai comme je l'avais espéré, les *bleus* avaient cru que j'étais seul. Mais la frayeur mortelle qu'il avait éprouvée dut beaucoup contribuer au tremblement qui ne le quitta plus le reste de sa vie. »

Comme ses confrères, il fut obligé de se réfugier dans des chaumières et même dans ces lieux de refuge, il devait cacher son caractère. Dans l'une de ces maisons qui l'avait reçu, M. Deshayes s'appelait *Grand Pierre*, et quelques-uns s'étaient fait une telle idée de son savoir, qu'une bonne femme le prit en pitié, et crut faire une œuvre d'humanité en entreprenant de lui montrer à lire. Le disciple faisait preuve de docilité; mais la vieille avait son système de prononciation, et il fallait s'y plier.

D'après sa méthode, c'était une faute grossière de dire : *Chrétien*, on devait prononcer *Crékin*. Malgré sa bonne volonté et ses efforts, il paraît que le pauvre écolier avait beaucoup de peine à vaincre cette terrible difficulté, et les réprimandes les plus sévères ne lui manquaient pas. « *Grand Pierre*, s'écriait la maîtresse qui perdait courage : Tu ne seras jamais qu'un ignorant ! »

Mais patience, bonne femme, ne savez-vous pas qu'un travail opiniâtre vient à bout de-tout ! A force de persévérance, *Grand Pierre* remporta la victoire ; il parvint enfin à prononcer le mot, et s'en vantant comme d'un grand triomphe : « Oh !

à présent, disait-il, je sais et je dirai bien : *Crékin.* » La rude institutrice dut être passablement étonnée lorsqu'un jour, de pieux fidèles désirant recevoir l'absolution, elle vit tout à coup siéger comme confesseur son grand ignare qui ne savait pas encore épeler.

Les jours de l'épreuve avaient pris fin, mais que de ruines amoncelées en notre pauvre France !

M. Deshayes fut chargé de deux ou trois paroisses immenses. Il remplit ensuite, à l'édification de tous, les modestes fonctions de vicaire de Beignon, sa paroisse natale. De là, Mgr de Pancemont, son évêque, le transférera au doyenné de la ville d'Auray. Bientôt il reçut les lettres de vicaire général de Vannes.

Un volume suffirait à peine si l'écrivain devait retracer l'histoire détaillée de toutes les œuvres entreprises par le nouveau recteur, pendant quinze années de vie pastorale. Ces œuvres absorbantes, autant que multipliées, étaient menées de front parallèlement avec le laborieux ministère d'une paroisse de quatre mille âmes.

Il s'était révélé conférencier et prédicateur de mérite dans une station de carême, prêchée à la cathédrale de Vannes, n'étant encore que vicaire de Beignon.

Nul ne peut dire le bien qu'il a opéré dans cette paroisse d'Auray, la charité qu'il y a exercée. Il prêcha avec une véritable éloquence, la dévotion à Ste Anne, si chère aux Bretons.

A Auray, il fonda une communauté de Frères et une maison de Sœurs de l'Instruction Chrétienne. Il en envoya une petite colonie dans son pays natal et dans beaucoup d'autres endroits. Toutes ces œuvres, il les accomplissait avec la plus grande modestie, en rapportant tout à la gloire de Dieu.

Il comprenait dans toute sa plénitude la perfection religieuse, et insiste beaucoup pour que toutes ses fondations commencent par l'humilité. Il leur apprenait à se compter pour rien.

Il était heureux quand il savait ses diverses maisons dans le besoin, parce que Dieu, disait-il, y fera tout.

Après le détachement des biens de la terre, il exigeait aussi le détachement qui perfectionne et qui sanctifie. Les maisons se multipliaient. Il allait de l'une à l'autre, comme un père près de ses enfants.

Aussi Dieu bénissait-il la charité de son ministre, et il se plaisait à le récompenser dès ici-bas. On lui parla un jour d'un pécheur endurci qui ne s'était pas confessé depuis 60 ans. Il alla le voir et lui dit en le quittant : « Mon ami, je me souviendrai de vous demain au saint sacrifice de la messe. » Le jour même, cet homme, qui avait si longtemps résisté à la grâce, vint trouver M. Deshayes, pour se confesser et se convertir sincèrement.

On était aux derniers jours de la Convention. Les princes français et les royalistes crurent le moment favorable pour abattre la République. Une grande partie de la Bretagne se souleva, et cette province fut choisie comme centre de l'expédition.

Mgr de Hercé, évêque de Dol, exilé en Angleterre avec ses compatriotes, se livrait à toutes les espérances d'un zèle brûlant et longtemps comprimé.

Sur la côte du Morbihan, le débarquement s'effectua sans difficulté. Les royalistes furent reçus comme des libérateurs. La joie arriva à son comble lorsqu'on vit s'avancer le vénérable évêque de Dol. Celui-ci prononça un touchant discours, et quand il eut fini de parler, plus de dix mille voix réunies firent entendre ce cri français : Vive la religion ! Le roi est mort, vive le roi !

La prudence manqua un peu dans cette expédition ; l'armée royaliste fut trahie, et les pauvres émigrés furent victimes de leur trop grande ardeur. Dès lors, leur situation devint horrible et le désordre affreux. Ils furent faits prisonniers.

L'évêque de Dol fut envoyé à Vannes avec son frère, d'autres prêtres, et le jeune Sombreuil. En le voyant marcher résolument au martyre, on eut dit un pontife du temps des croisades, marchant au supplice préparé par les infidèles. Comme un autre Étienne, il priait pour ceux qui le mettaient à mort.

Aussi cette prière de l'innocent pour son bourreau toucha-t-elle le cœur de Dieu, et fut-elle pleinement exaucée. Le misérable qui devait l'exécuter revint à Dieu par un miracle de la grâce, à l'âge de 92 ans ; et, après une vie remplie de crimes, voyant l'étonnement que son repentir excitait autour de lui, il se confessait publiquement lui-même en ces termes :

« Quand je sus qu'il devait y avoir une boucherie à Quiberon, je marchai nuit et jour. J'achetai d'un grenadier la faveur d'endosser son uniforme. On devait fusiller le lendemain les chefs des émigrés et un évêque. Je voulais en être. Grâce à mon déguisement, mon vœu fut accompli. J'étais en face de l'évêque : un vieillard ! un saint ! Il se mit à genoux, je l'ajustai avec une joie d'enfer. Vous avez entendu parler du martyre de l'évêque de Dol ? Eh bien oui, c'est moi son assassin ! »

Lorsque le prêtre qui assistait le moribond leva la main pour le bénir, il remarqua la finesse extrême de la cravate blanche, qui entourait le cou du vieillard ; il avait beau faire, son regard ne pouvait s'en détacher.

Quelques semaines après la mort de ce bourreau converti, son petit-fils faisait sa première communion. Lorsque le prêtre passa près du petit paysan, son regard s'attacha sur la cravate blanche qu'il portait, et qui contrastait si fort avec son linge blanc, mais grossier. Il remarquait surtout deux taches rousses, l'une ronde, l'autre oblongue et irrégulière, qui s'étalaient aux deux extrémités.

Plus tard, l'ecclésiastique demanda à la mère qui était un ange de piété ce que c'était que cette cravate. « Comment, lui dit-elle, émue, est-ce que vous ne l'avez pas remarquée déjà au cou de mon père ? Oh ! Monsieur le curé, c'est une sainte relique : c'est la cravate que portait Mgr de Hercé, le dernier évêque de Dol, quand il fut fusillé à Vannes. Les deux taches rousses sont deux gouttes de son sang, ou de celui de M. de Sombreuil, qui, frappé à mort, tomba sur l'évêque. Mon père avait enlevé cette cravate comme un trophée. Quand je vis qu'il allait mourir et qu'il refusait malgré mes larmes de revenir à Dieu, j'eus l'idée de lui passer au cou, sans qu'il s'en aperçût, la relique du saint évêque, pensant que la victime intercéderait pour le bourreau. Le jour même mon père vous fit demander ».

L'héroïsme des 952 victimes de Quiberon fut l'objet d'un enthousiasme général. Mais tous ces illustres morts étaient sans sépulture. Les soldats et les fossoyeurs s'étaient hâtés de fuir le théâtre du crime.

M. Deshayes eut le premier la pensée de mettre un terme à cette profanation. Comme il avait acheté la maison de la Chartreuse près de Vannes pour y installer ses religieuses, il obtint de M. J. Beausset de Roquefort d'exhumer les restes des victimes et de les déposer dans l'église de la Chartreuse. Une touchante cérémonie eut lieu à cette occasion. Toutes les familles des illustres morts étaient présentes. Les bières étaient portées par d'anciens compagnons d'armes. La plus grande partie des ossements avait été déposée dans sept grands cercueils.

M. Deshayes prononça, dans cette douloureuse circonstance, un magnifique discours, religieusement écouté par huit à dix mille personnes ; et dans le champ de la Chartreuse, tous les morts reposèrent en paix.

Plus tard, M. Deshayes obtint que l'on bâtît une chapelle spéciale, pour assurer plus de prières aux défunts ; cette chapelle expiatoire porte cette inscription : « C'est ici qu'ils tombèrent ».

On y remarque surtout l'emblème de la Religion déposant une couronne sur un tombeau, et la vénérable figure de Mgr de Hercé, dans un médaillon surmonté d'une croix et soutenu par des anges.

Il est peu de monuments en France plus vastes que celui des victimes de Quiberon. Puissent ces visites nombreuses, suivant le vœu de M. Deshayes, procurer des prières ferventes aux âmes de ceux que le France a tant pleurés, et qu'elle a si dignement honorés.

LE R. P. DESHAYES EN VENDÉE.

En l'année 1705, Louis-Marie Grignon de Montfort, tout jeune prêtre, accueillait à Poitiers, le premier des auxiliaires qu'il se proposait d'adjoindre — à titre de Frères — aux religieux de la Compagnie de Marie, rêvée par lui, et dont il devait être le fondateur.

A ce premier Frère, appelé « Mathurin », et à ceux qui, au même titre, se groupèrent autour de l'homme de Dieu, Montfort donna mission de l'aider, lui, et les autres prêtres, dans leurs courses apostoliques, et par surcroît de diriger les *Écoles charitables*.

Ces dernières fonctions furent remplies avec un si grand zèle que l'historien Grandet, son contemporain, attribuait à ce labeur, en apparence obscur et ingrat, les fruits durables du ministère de l'apôtre.

Encouragé par la recommandation qu'il recueillit, à Rome, de la bouche de Clément XI, « *ce seront les missions et le soin des enfants qui sauveront la France* », Montfort donne une impulsion puissante à la fondation des écoles de la Rochelle ; en outre, dans son testament il lègue aux sept Frères—dont quatre étaient déjà liés par les vœux d'obéissance et de pauvreté — une maison, à Vouvant, « *dans laquelle on entretiendra les Frères de la communauté du Saint-Esprit pour faire École charitable.* »

Lorsque le Père Duchesne, septième successeur du mission-
naire-apôtre, remit aux mains du R. P. Deshayes, en 1820,
les œuvres de Montfort, pour les sauver d'une ruine prochaine, la famille religieuse du Saint-Esprit n'était plus composée que de trois missionnaires et de quatre Frères auxiliaires.
L'un d'entre eux, le F. Élie, dirigeait encore l'école de
St-Laurent-sur-Sèvre.

Le nouveau supérieur, qui avait à cœur, comme il l'affirmait
lui-même, « d'entrer dans toutes les vues du vénéré fondateur »,
consacra une part notable de son zèle à revivifier l'œuvre des
Frères. Il leur adjoignit quelques novices, venus d'Auray, tandis que la Vendée et le Poitou dirigeaient aussi vers Saint-
Laurent quelques sujets de choix. Le groupe de ces auxiliaires, appelé, dès le principe, Frères du Saint-Esprit, partagea,
jusqu'au 15 octobre 1835, le logement et la vie religieuse des
prêtres-missionnaires, les uns demandant aux études classiques une préparation efficace aux fonctions d'instituteur, les
autres, par goût vaquant aux travaux d'atelier ou à l'entretien
du jardin.

Mais le rapide accroissement de la famille réclamait la construction d'un corps de bâtiment spécial. L'enclos de la communauté ne se prêtant point au projet, le R. P. Deshayes,
secondé en ses recherches par le F. Augustin, directeur général, et le F. Siméon, maître des novices, trouva au dehors un
immeuble disponible.

Lorsque tout fut aménagé et meublé grâce à la générosité
des Sœurs de la Sagesse, le groupe des Frères fut scindé.
Chacun consulta ses préférences, ayant libre choix entre la
nouvelle demeure ou l'ancienne maison religieuse de la Compagnie de Marie. Les Frères d'étude furent naturellement au
nombre des émigrants, puisqu'en leur faveur le règlement
devait être modifié. Les Frères chargés des travaux manuels
restèrent, pour la plupart, avec les missionnaires. C'était une

famille sectionnée, sans doute, mais dont les tronçons restaient unis par les liens d'une commune origine et par les affectueux rapports de confraternité.

Comment allait-on désigner le nouveau logis ? Après plusieurs vocables, aussitôt rejetés que proposés, on décida de l'appeler « *Maison de Saint-Gabriel.* » C'était un gracieux hommage de reconnaissance offert par les Frères au R. P. *Gabriel* Deshayes, restaurateur de leur petite famille. Le nom fut accepté, et de la maison passa naturellement aux Frères qui l'habitaient. Ce nom des *Frères de Saint-Gabriel* les distinguait des autres membres demeurés avec les missionnaires, et que l'on continua d'appler *Frères du Saint-Esprit* (¹).

L'Institut des Frères, relevé de ses ruines par le zèle intelligent du P. Deshayes, trouva dans ses divers supérieurs FF. Augustin, Siméon, Eugène, Hubert, Martial d'éminentes qualités de prudence et de vertus qui favorisèrent admirablement le développement de leurs œuvres : noviciats, écoles populaires, pensionnats, etc... (²).

Au nombre de ces œuvres, qui ne connaît en France, et qui n'admire leurs Institutions de *Sourds-muets* et de jeunes *Aveugles ?* Poitiers, Clermont, Bordeaux, Toulouse, La Chartreuse, Lille, Orléans, Nantes comptent annuellement, dans leurs classes, 500 *sourds-muets*, que des méthodes laborieusement étudiées et qui sont personnelles aux Frères, transforment en *sourds-parlants*, initiant à la vie de famille et à la vie

---

1. Dans notre région, la paroisse de St-Martin de Beaupréau reçut, la première, les fils de Montfort : 1822. Dans cette localité de l'Anjou, voisine de Saint-Laurent, le F. Benoît, répondant aux espérances du zélé curé, M. L'abbé Rabouin, se montra pendant 21 ans, l'homme du devoir. Sa mémoire y est encore en bénédiction.

2. La Congrégation des Frères de l'Instruction Chrétienne de St-Gabriel, approuvée par une ordonnance royale du 17 septembre 1823, puis par décret impérial en date du 3 mars 1853, compte actuellement 1500 membres tant religieux que novices et postulants. Ses établissements, répandus en France et à l'étranger, sont au nombre de 186. Dans le diocèse de Luçon, la Congrégation dirige 33 écoles fréquentées par 5.500 élèves.

sociale tous ces déshérités. Dieu sait quelle somme de patient labeur se dépense à semblable transformation !

Les Missionnáires de la Compagnie de Marie et les Filles de la Sagesse avaient donc appelé, pour se mettre sous sa conduite, M. Deshayes, toujours curé d'Auray et vicaire-général de Vannes. En Vendée, du reste, il n'était point un inconnu.

Le sacrifice demandé n'est point au-dessus des forces de l'apôtre et fondateur de plusieurs communautés en Bretagne.

Il suffira de connaître la volonté divine ; mais c'est à son évêque qu'il veut remettre toute décision en cette grave affaire. La réponse fut telle qu'on devait l'attendre d'un prélat plein de foi. *« Si je considère les intérêts de mon diocèse, je dois vous dire : Restez. Mais si j'envisage le bien général de la religion, je dois dire : Partez. »*

M. Deshayes obéit. Quittant la famille paroissiale à laquelle il avait consacré tout son dévouement et son grand cœur (¹), il dit à son peuple un dernier adieu : *« Mes enfants, lorsque je fus nommé à la cure d'Auray, je vins au milieu de vous n'ayant pour tout bien que mon bâton et mon bréviaire. La divine Providence m'oblige à me séparer de vous. En vous quittant, je veux m'en retourner, comme je suis venu, avec mon bâton et mon bréviaire. »*

Montfort ne reniera pas son disciple ; et l'héritage en telles mains verra des jours glorieux.

Le nouveau supérieur, élu le 17 janvier 1821, débuta dans

---

1. Il était de la race des apôtres dont le travail est riche en fruits qui demeurent : « Auray se distingue toujours par la plus louable fidélité à la foi de ses pères. Au milieu de cette population bénie, tout paraît encore animé de l'esprit de M. Deshayes. Les communautés religieuses, les retraites périodiques, les confréries, les associations charitables, la piété des fidèles, le zèle du clergé, tout rappelle la présence d'un apôtre et l'action d'un homme de Dieu » *(Mgr Bécel, évêque de Vannes).*

sa carrière par un trait qui caractérise son humilité profonde et la gaieté de son caractère.

Après sa nomination, les deux congrégations envoyèrent une voiture avec un Frère pour l'amener. Quand l'équipage entra dans la communauté, toutes les sœurs accoururent rendre hommage à leur nouveau père.

On attendait avec respect qu'il voulût bien paraître ; mais quand la portière s'ouvrit, on ne trouva que le pauvre Frère, assez honteux du personnage qu'il avait joué par obéissance. La leçon fut comprise. On vit que si M. Deshayes avait accepté sa nouvelle mission, c'était uniquement pour le bien à faire, et non pour les honneurs qui y étaient attachés.

Les deux communautés avaient souffert des malheurs du temps. A St-Laurent, comme nous l'avons dit plus haut, les Frères n'étaient plus que quatre ; au bout de quelques mois, M. Deshayes en compta quarante. De même les Sœurs de la Sagesse, à l'arrivée du P. Deshayes, étaient à peine 600 ; à sa mort, il en laissa 1700 (¹).

On voit par là le bien que faisait le zélé supérieur.

Les trois congrégations des missionnaires de la Compagnie de Marie, des Filles de la Sagesse et des Frères de St-Gabriel devinrent assez fortes, pour répondre plus dignement que jamais, aux grands desseins de la Providence sur elles. De lui on pouvait dire comme de son divin Maître : « Il a passé en faisant le bien. »

« Au commencement de janvier 1825, raconte M. l'abbé Blain (²), il y avait grand émoi au couvent de la Sagesse. On parlait à mots couverts d'un long voyage que devait incessamment entreprendre le P. Deshayes. L'attitude réservée du F. Bernard, cocher attitré du Supérieur, son obstination à éluder toute question indiscrète, les soins particuliers prodi-

---

1. Elles sont aujourd'hui près de 5.000.

2. *Institut des Frères de l'Instruction chrétienne de St-Gabriel.* p. 148.

gués depuis plusieurs jours à *Cocotte et Mignonne* (les deux inséparables carrossiers qui s'attelaient à la lourde voiture de la communauté), tout cela donnait créance aux récits les plus fantaisistes. Le Père, accompagné d'un autre prédicateur, disaient les mieux informés, se disposait à prêcher deux retraites aux Sœurs de Toulon. — Et après ? — Oh ! après ?... Toulon... est au voisinage du Piémont ; le Piémont est sur les confins d'Italie ; et l'année 1825 se trouve être l'année jubilaire. Le Père irait donc à Rome ! — Mais, *Cocotte et Mignonne ?* — Elles feront le pèlerinage de compagnie. »

Comment le secret avait-il transpiré ? Ces confidences, jetées deci delà, au cours des joyeux propos de récréation, ne faisaient que traduire l'exacte vérité. Mon Dieu ! oui ; les 2900 kilomètres ([1]), dans le coche peu confortable du F. Bernard, n'effrayaient point l'entreprenante activité du P. Deshayes. On raconte même que, grâce à la discrétion du conducteur, les pauvres bêtes qui devaient voir s'allonger devant elles l'interminable réseau des routes de France, de Piémont et d'Italie, partirent d'un pas allègre, comme pour un voyage d'agrément.

En notre siècle de locomotion à vapeur, on croirait à peine possible une pareille entreprise : le même attelage conduisant à Rome et ramenant trois pèlerins, sans autres incidents que certaines aventures de douane et d'auberge, où domine la note plutôt plaisante que tragique de la situation.

F. Bernard n'étant ni Annibal, ni César, ni Napoléon, n'ose risquer le passage des Alpes ; prudemment il conseille d'embarquer voiture et voyageurs au port de Nice, pour gagner la rade de Gênes. Dans une lettre, datée du bourg italien de Matérana, le P. Deshayes raconte avec enjouement l'épisode d'une nuit passée à l' « Hôtel de la Poste. « La chambre destinée à nos hôtes avait déjà un premier occupant : sur l'un des

---

1. 725 lieues, aller et retour.

lits se prélassait un superbe *dindon* (c'était son perchoir).
Chassé de ce nid improvisé, le volatile s'élance sur une pou-
trelle dominant verticalement l'unique table chargée, pour
tout festin, de quelques œufs cuits à la hâte. On s'empresse
d'expédier l'omelette, redoutant, non sans raison, quelque ava-
nie du citoyen juché là-haut ; et ce ne fut qu'à grand'peine que
nos voyageurs, aveuglés par le nuage de poussière que soule-
vait le vol pesant de l'oiseau, purent se débarrasser pour la nuit
de ce voisin gênant.

A quelques lieues de Sienne, le confortable était moindre
encore ; et pendant que *Cocotte et Mignonne* grignotaient du
bout des dents une maigre pitance, leurs maîtres, réfractaires,
pour cette fois, à la vertu de mortification, délaissaient le tau-
dis pompeusement décoré du titre de « chambre des étrangers », lui préférant, pour de justes motifs, l'étroit cabriolet
de leur propre voiture.

L'importance des affaires que le R. P. Deshayes se proposait de traiter à Rome, rejetait en arrière-plan toutes les
mésaventures d'un aussi pénible voyage. Son compagnon de
route, le P. Lacombe, fatigué de la première partie du chemin,
avait quitté la caravane à Toulon ; et un mois après, le
17 février, le modeste attelage, conduit de haute-main par le
F. Bernard, qui n'en croyait pas ses yeux, déposait le Supérieur général en pleine ville de Rome, à l'auberge de *Santo
Antonio in campo Marso*, hôtellerie où des Bretons, sans se
déjuger et sans sortir de leurs habitudes, pouvaient honnête-
ment descendre.

Un autre de ses missionnaires venait le rejoindre, prenant
la place du P. Lacombe. L'installation première n'était plus
alors suffisante. Un ami de la Compagnie leur offrit gratuite-
ment logis spacieux avec écurie et remise. Pour eux trois
(toute révérence gardée disons : pour les cinq bouches à nourrir, car *Cocotte et Mignonne* étaient de la maison), la dépense

quotidienne n'excédait pas six francs. F. Bernard, en la circonstance, avait été promu à l'office de cuisinier de la communauté ; et des aptitudes exceptionnelles en ce nouvel comploi le rendaient capable, après deux jours de noviciat, écrivait le P. Deshayes, de « tremper une soupe, cuire des betteraves, et griller du poisson ». Un cuisinier de cette force ne devait pas grever lourdement le budget des pèlerins. L'absence du supérieur avait duré cinq mois.

Tout n'alla pas toujours selon les désirs du saint missionnaire ; la croix se présenta souvent à lui ; mais il l'embrassait avec amour.

Au mois de novembre 1832, le général Rousseau vint fondre sur Saint-Laurent, à la tête de plusieurs centaines de soldats, pour chercher, dit-on, la duchesse de Berry, qui devait être cachée dans la maison des Filles de la Sagesse. La visite fut très minutieuse.

Quelques jours plus tard, les deux communautés, de la Sagesse et des Missionnaires, se trouvèrent tout à coup investies de soldats et de gendarmes, envoyés par le commissariat de la police de Nantes. Ils étaient de 1000 à 1200, et on ne parlait rien moins que de mettre le feu aux quatre coins de la maison.

Tout fut visité de la cave au grenier. La chapelle des missionnaires elle-même n'est pas respectée, car ces misérables ont la criminelle curiosité de vouloir faire ouvrir le tabernacle. M. Deshayes parut devant cette troupe avec la noble intrépidité d'un ministre de Jésus-Christ.

« Qu'espérez-vous y trouver ? s'écria-t-il indigné. Un homme caché peut-être ? Eh bien ! oui ; mais c'est un Homme-Dieu, mon Maître et le vôtre, entendez-le bien. A genoux ! il va vous bénir. » Le tabernacle est ouvert, et l'Hostie sainte s'élève au-dessus de ces soldats qui, d'eux-mêmes, s'agenouillent, faisant le signe de la croix.

Pendant toute la durée de l'occupation, on avait consigné dans une salle tous les missionnaires, et les gens de la maréchaussée avaient contrôlé le signalement de chacun d'eux, espérant découvrir, cachés sous l'habit religieux, le maréchal de Bourmont ou quelques officiers de la duchesse de Berry.

Le commissaire, en se retirant, pria le supérieur de signer le procès-verbal, dans lequel le chef de la bande faisait éloge de sa propre courtoisie :

« Je signerai votre pièce, mon ami, lui dit avec un grand calme le P. Deshayes, mais après y avoir ajouté qu'en arrivant ici vous avez menacé d'incendier la maison ; que vos soldats sans discipline se sont indignement conduits. J'écrirai que j'exige un dédommagement pour tout ce qui a été détruit où enlevé, que j'estime à six cents francs. — Donnez-moi la plume. »

Le commissaire, stupéfait, reconnaît ses torts, s'excuse, et se retire l'oreille basse.

Et maintenant essayons brièvement de faire connaître l'esprit du R. P. Deshayes.

Jamais personne n'a agi avec des vues plus pures. *Dieu, et Dieu seul*, telle était, comme celle du bienheureux Montfort, sa devise habituelle. Et si, à chacune de ses entreprises, on l'eût interrogé sur le but qu'il se proposait, il n'eût jamais eu qu'une seule et même réponse : *la gloire de Dieu*.

Les titres et les dignités ne l'ont jamais ébloui. Saint Vincent de Paul rappelait à tout propos qu'il avait gardé les bestiaux dans sa jeunesse. A son exemple, M. Deshayes n'oublia jamais sa première condition. Étant recteur d'Auray et vicaire-général de Vannes, il conservait dans son cabinet de travail sa houlette et sa panetière, et on l'a trouvé faisant oraison devant ce trésor.

Une dame lui fit cadeau d'une magnifique étole pastorale,

brodée en or. Il la remercia et lui dit : « Je vais la placer à côté de ma panetière. »

Lorsqu'il fut nommé supérieur général des Filles de la Sagesse, il se fit confectionner un habit de toile, semblable à celui qu'il portait dans son enfance, et il le serra précieusement, se disant à lui-même : « Si je suis tenté de me croire quelque chose, je me souviendrai d'où je suis sorti. »

On le priait, un jour, de donner à une de ses nièces des vêtements plus dignes de la position de son oncle : « Je veux bien, répondit-il avec sa gaieté ordinaire, mais à cette condition : elle portera écrit sur le dos : « Je suis la première demoiselle de ma famille. »

Les louanges lui étaient à charge ; il les redoutait pour lui et les siens. Un missionnaire s'était avisé de faire peindre en cachette le portrait de son supérieur. Le tableau était superbe. Dès que le P. Deshayes l'aperçut. « Voilà, dit-il, avec une douce hilarité, une bonne toile pour couvrir une voiture. Vite, allez dire au Frère un tel de venir me la peindre en noir. » Bientôt après la riche toile enduite d'une épaisse couche de peinture noire, couvrait effectivement la voiture.

Dans une occasion très importante, la calomnie s'essaya contre lui de la manière la plus indigne. Il l'apprit et garda le silence. Les personnes qui le voyaient de plus près, le conjuraient avec larmes de se disculper. « Non, répondit-il, si Dieu veut faire connaître mon innocence, il est le maître ; qu'il fasse ce qu'il lui plaira ; pour moi, je ne dirai rien. » Bientôt, Dieu dévoila la fausseté si clairement, que le moindre doute était devenu impossible. Le Père Deshayes connaissait parfaitement ses calomniateurs. Il ne s'en vengea qu'en leur témoignant encore plus de bonté, plus de douceur et plus de bienveillance qu'auparavant.

Sa confiance en la Providence était sans bornes. Le Père Deshayes choisissait les temps de détresse pour fonder ou développer ses œuvres. Les sommes qui ont passé par les mains de M. Deshayes sont incalculables.

« Mes Sœurs, disait-il souvent à ses religieuses, je suis l'enfant gâté de la Providence. » Ce mot *enfant gâté de la Providence* est comme le résumé de la vie tout entière du P. Deshayes. Ses grandes institutions, en Bretagne et en Vendée, semblaient avoir hérité de ce soin tout spécial de la divine Providence, à son égard.

Son visage était toujours rayonnant. Quand il avait été le plus rudement éprouvé, rien n'en paraissait au dehors, sinon un air de gaieté encore plus aimable. Étant curé d'Auray, il disait à sa domestique : « Jeannette, Jeannette, ce n'est pas quand vous me voyez joyeux que je suis le plus content. » Il a avoué à un de ses amis n'avoir été de mauvaise humeur qu'une seule fois. Toutefois, sa gravité ne se démentait jamais et personne ne craignait davantage de se singulariser.

Les historiens de sa vie ne tarissent pas d'éloges sur sa charité envers les pauvres. Sa table, ses vêtements, son linge étaient le patrimoine des indigents. Il croyait avoir assez quand il possédait trois chemises. Comme un autre S. Martin, il se dépouillait pour vêtir les malheureux, et souvent il est rentré chez lui, n'ayant plus sur le corps que sa soutane.

Pendant un hiver des plus rigoureux, on lui avait acheté une couverture plus chaude. Bientôt, arriva un père de famille qui lui exposa sa misère. Le pauvre curé n'avait plus d'argent, il prit sa couverture neuve et la donna ; puis il dit à la domestique : « Si vous en achetez une autre, elle aura le même sort. »

Une autre fois, on s'était aperçu que ses bas n'étaient plus mettables, et on les avait remplacés par des neufs. Quelques jours après, ces derniers avaient disparu. Sa domestique lui demanda ce qu'il en avait fait. « Je les ai donnés à un pauvre qui n'en avait point. — Mais il fallait lui donner les vieux. — Oh ! il eût été bien chaussé avec cela ! »

Mais il arrivait à la fin de sa 74ᵐᵉ année et il n'attendait pas que la mort frappât à sa porte pour se préparer à mourir. Dans le vaste enclos des Sœurs de la Sagesse, à Saint-Laurent-sur-Sèvre, il avait érigé un chemin de croix, les stations s'étendent le long d'une petite montagne d'un aspect sévère flanquée de rochers, et couronnée de sapins. Sur le sommet, la croix s'élève seule, comme autrefois celle du Calvaire après que le corps de Jésus-Christ en eut été descendu. A quelque distance de là, on s'arrête devant le tombeau de l'Homme-Dieu enseveli, fait sur le modèle de celui de Jérusalem. C'est ce lieu que le Père Deshayes avait choisi depuis longtemps pour celui de sa sépulture. Il y avait fait creuser sa fosse. Il montra aux Frères de Saint-Gabriel, qui faisaient à la fin de la retraite annuelle leur chemin de la croix dans l'enclos de la Sagesse, l'endroit où il voulait être enterré. Il parlait si souvent de la mort qu'un pressentiment vague s'empara de tous ses enfants.

Ce pressentiment n'était que trop fondé. M. Deshayes était atteint d'une maladie mortelle, dont il triompha jusqu'à sa dernière heure par suite d'une énergie vraiment extraordinaire. Il ne s'alita jamais, s'occupa de toutes ses œuvres avec une persévérance surprenante jusqu'à la fin.

La veille de sa mort, il dit encore sa messe, dîna avec les missionnaires, se coucha tranquillement le soir, et demanda l'extrême-onction et le saint Viatique ; le lendemain il disposa tout pour recevoir son Dieu, répondit à toutes les prières, déposa avec autant de confiance que d'humilité les derniers insignes de sa dignité sacerdotale; puis, quand tout fut terminé, il quitta la terre sans que ceux qui le veillaient s'en aperçussent. Est-ce là mourir ?... Oh ! que la mort des justes est précieuse aux yeux de Dieu ! Et qu'une vie toute de bonnes œuvres donne d'assurance, au moment décisif où l'on va comparaître devant le tribunal de celui qui a dit : « Ce que vous aurez fait au moindre des miens, c'est à moi-même que vous l'aurez fait. »

Ainsi mourut le 28 décembre 1841, à l'âge de 74 ans, Gabriel Deshayes, après avoir gouverné pendant 23 ans ses trois communautés de la Sagesse, des Missionnaires du Saint-Esprit et des Frères de Saint-Gabriel.

Il fut enterré dans la fosse qu'il s'était choisie. La tombe fut confiée à la garde de ses enfants, arrosée de leurs larmes et couverte de leurs prières.

HENRI ADOLPHE ARCHEREAU.

ECLAIRER pour ainsi dire le monde entier, et vivre soi-même inconnu, ignoré de sa génération et presque de tous ses compatriotes ;

Faire gagner des millions, peut-être des milliards à la France et à de nombreux industriels, et soi-même n'avoir pas le sou ;

Nourrir et chauffer tous les hôpitaux et une grande partie de la population de Paris, pendant les horreurs d'un long siège, et en recevoir, dans ses dernières années, une pension de vingt sous par jour ;

Doter son pays d'un grand nombre de découvertes importantes, et n'en obtenir aucune récompense ;

Telles sont les contradictions que nous allons rencontrer dans cette vie de labeur, qui fut celle de notre compatriote Archereau.

Fort heureusement ces contradictions sont compensées par cette constatation consolante : Vivre en chrétien et mourir en chrétien, assurent la meilleure et la plus sûre des récompenses. C'est peut-être la seule qu'Archereau ambitionnait par-dessus tout ; il avait raison. Celle-là, je l'espère, ne lui fait pas défaut.

Henri-Adolphe Archereau naquit, le 4 octobre 1819, à Saint-Hilaire-le-Vouhis, canton de Chantonnay, au hameau de la Roulière, en pleine Vendée. Il mourut le 9 février 1893, à Paris, dans un réduit de la rue du Renard, à Ménilmontant. Vie longue, tout entière remplie par le travail et par le malheur.

Né de parents chrétiens, il reçut d'eux avec une honnête aisance, le fonds le plus nécessaire pour la conduite de la vie, une éducation sérieuse et chrétienne, des principes religieux auxquels il resta toujours fidèle.

Il acheva au petit séminaire de Nantes, ses études classiques

commencées à Chavagnes-en-Paillers (Vendée). Mais ne se
sentant pas de goût pour l'état ecclésiastique, il quitta le séminaire et voyagea, non pour son plaisir ou par paresse, mais

pour développer ses connaissances, orner son esprit, pour
s'instruire.

Il parcourt tout le midi de la France, remonte le Rhône,

visite les bords du Rhin jusqu'à Rotterdam, et, après avoir traversé la Belgique, il arrive à Paris qu'il ne devait plus quitter. Il avait alors 23 ans.

J.-B. Dumas et Pouillet le voient à leurs cours de chimie et de physique, auditeur assidu et attentif, travailleur infatigable, dont l'esprit inventif perçoit bien vite les applications pratiques des principes exposés. Ces applications doivent être expérimentées et les appareils coûtent cher. Au lieu de gaspiller son argent en de folles dépenses, comme un trop grand nombre d'étudiants, Archereau achète en 1842, l'année même de son arrivée à Paris, une machine pneumatique et une machine électrique à plateau de verre. Sa chambre en est encombrée, mais qu'importe, puisqu'il peut travailler à ses chères expériences. Quelques semaines après, il avait créé la vidange atmosphérique, appliquée pendant quelque temps dans toutes les grandes villes du monde, et qui valait peut-être mieux que le « tout à l'égout » actuel.

La pile de Bunsen venait d'être introduite en France; Archereau soupçonna aussitôt les ressources qu'on en pouvait tirer pour la production de la lumière, et aussitôt il se met à l'œuvre. Il cherche, il étudie, il expérimente, il veut arracher à l'électricité, à la nature, ses secrets et ses mystères, non pour s'en glorifier ensuite, — il est trop modeste pour chercher la gloire, — mais pour être utile à ses semblables, et puis c'était sa manière, à ce savant, de publier la puissance, la grandeur, la bonté, la sagesse de ce Dieu, qui a jeté dans le monde à profusion tant de merveilles que « la science », la science orgueilleuse croit avoir découvertes toutes, et dont elle ne connaît probablement que la plus infime partie.

Notre siècle peut s'appeler à bon droit le siècle des découvertes scientifiques. Qui sait si le siècle qui vient de naître ne le surpassera pas dans cette voie, et si les générations futures ne nous traiteront pas d'arriérés et ne plaisanteront pas agréa-

blement notre mode de locomotion, par exemple, ou notre
éclairage, avec autant de raison que nous le faisons pour les
pataches de nos grands-pères ou les chandelles, dont ils
essayaient d'éclairer leurs foyers ?

Armé de ses piles de Bunsen, Archereau éclaire sa salle à
manger. La lumière inonde son appartement, traverse la rue,
se répand jusqu'à l'extrémité de la place du Marché St-Honoré. Les curieux s'arrêtent, les badauds se rassemblent, les
agents de police tiennent à l'œil cet original, qui se permet
d'éclairer sa chambre autrement que tout le monde. Et, comme
chaque soir, les attroupements deviennent plus considérables,
ils emmènent au violon ce malfaiteur, ce perturbateur dan-
gereux... de la routine, qui ose éclairer une place publique
avec une lumière qui n'est pas celle du gouvernement.

Le commissaire, intelligent, conseille à cet innovateur de se
munir d'une autorisation en règle pour éclairer la place. Le
préfet de police, M. Delessert, pousse la gracieuseté jusqu'à
lui permettre de tenter ses expériences, sur la plus belle et la
plus vaste des places de Paris, la place de la Concorde. Archereau, ravi de joie, se met à l'œuvre ; il invente des piles
spéciales, capables de fonctionner longtemps, les fait construire
à ses frais et tente l'expérience, employant pour la première
fois la lumière à arc. L'expérience réussit, Archereau éclaire
la place, puis le passage Jouffroy, puis le théâtre du Palais-
Royal, pendant soixante-deux représentations consécutives,
jusqu'aux journées de Février 1848.

L'éclairage électrique était trouvé, plus brillant, moins cou-
teux, mais... nouveau et surtout contraire aux grandes compagnies qui avaient le monopole du gaz et par conséquent
de l'éclairage de la ville ; il ne fut pas adopté. Archereau
essaya alors d'appliquer son système à la projection de nos
navires ou en dotant les phares ; il réussit au delà de toute
espérance et l'intensité de la lumière lancée par ses appareils

et évaluée par les ingénieurs à celle que pourraient produire 800,000 lampes Carcel, leur parut si phénomale, qu'ils n'osèrent pas publier le résultat de ces expériences.

Cependant le tsar Nicolas 1er, ayant entendu parler de ces merveilles, fait venir Archereau à Saint-Pétersbourg. Dans les expériences qu'il y tenta, il porta la lumière électrique à douze kilomètres ; à cette distance, on pouvait lire aussi facilement qu'à la lumière d'une lampe Carcel placée à un mètre. On raconte que Archereau éclairant les vastes places de la perspective Newstri, à Saint-Pétersbourg, eut la délicate attention de lancer le premier faisceau lumineux sur la fenêtre du palais impérial, derrière laquelle reposait, dans son berceau, l'enfant qui, depuis, fut l'ami de la France et réalisa l'alliance franco-russe.

Malgré leurs succès, les inventions d'Archereau n'étaient guère appréciées de l'administration routinière, et lui coûtaient des sommes considérables, peu en rapport avec sa modeste fortune. Pour se consoler de ces déboires, et aussi pour se reposer un peu la vue, Archereau se livre à un nouveau genre de travail, invente une nouvelle chose et prend un brevet, qui lui garantira les bénéfices de son invention. C'était en 1855. Jusqu'ici on n'avait brûlé que les mottes, les gros morceaux de charbon ; que de poussier perdu, faute de l'utiliser ! Archereau a trouvé le moyen d'agglomérer les menus de houille, désormais, plus de poussière inutile, et cette invention brevetée (il est vrai *S. G. D. G.*) qui a procuré des millions et des millions à l'industrie, qui a rendu les plus grands services à la marine à vapeur, cette invention qui suffit pour assurer à son nom l'immortalité, qui aurait dû lui donner à lui-même une fortune colossale... causa sa ruine.

Pas assez fortuné pour exploiter lui-même sa découverte, il vendit son brevet à une maison du Hâvre, qui fit faillite, et ne le dédommagea même pas de ses premiers frais.

D'ailleurs quelle singulière idée a-t-il donc de vouloir brûler du poussier de charbon ? Cela ne s'est jamais fait. Et naturellement, aucune administration ne veut tenter l'expérience, briser avec la routine. M. Bousset, secrétaire de l'*Association des Inventeurs*, raconte ainsi l'odyssée de cette invention géniale :

« Avant de céder son brevet, Archereau avait commencé à

NICOLAS Ier, EMPEREUR DE RUSSIE.

fabriquer lui-même ses agglomérés, dans une petite usine qu'il avait louée, quai de la Marine, à la Villette. C'est alors qu'il vint faire ses offres de services à la compagnie des chemins de fer de Lyon, en la personne de M. Leconte, ingénieur en chef de la traction.

« Ce dernier, après avoir entendu l'inventeur et avoir examiné l'échantillon de briquettes qui lui était fourni, lui répondit:

« M. Archereau, jamais nous ne brûlerons cela dans nos loco-
« motives. » Archereau, dont la vivacité égalait la franchise,
répondit : « M. l'Ingénieur en chef, un jour viendra, et bientôt,
« où vous ne brûlerez que cela dans vos locomotives. » Et
Archereau a eu raison.

Vingt et un ans après, comme il retournait voir M. Leconte, celui-ci étant décédé, il fut reçu par M. Marie, son
adjoint d'alors, qui lui avait succédé. En apercevant Archereau,
M. Marie alla à lui, et, lui prenant la main, lui dit : « M.
« Archereau, vous aviez bien raison, quand vous êtes venu
« nous dire que l'avenir était à votre briquette. Votre prédiction
« s'est réalisée. » Et après avoir causé avec l'inventeur, sans
doute pour lui faire amende honorable, il lui remit un grand
livre, et lui montra loyalement les bénéfices réalisés par la
compagnie, depuis l'emploi des agglomérés.

« Eh bien ! ces chiffres, ma mémoire en a conservé quelques-uns, et je vous demande la permission de les rappeler
ici, car ils sont plus éloquents que tout ce que je pourrais dire.
C'était 5.200.000 frs pour la première année ; 5.500.000 pour
la deuxième ; 5.800.000 pour la troisième ; 6.000.000 pour la
quatrième. Si, M. M., vous prenez ce dernier chiffre comme
celui de chaque année écoulée depuis, nous arrivons à trouver
qu'à ce prix, la compagnie P. L. M. à elle seule, a réalisé
par l'œuvre d'Archereau, plus de 200 millions d'économie.
Ajoutez à cela les encaisses des autres compagnies, etc. et
vous pourrez dire sans crainte d'être démentis, que l'invention de la briquette a rapporté à la patrie de l'inventeur plus
d'un milliard, et celui qui repose ici (¹), s'est vu souvent sans
rien à jeter dans son âtre pour réchauffer ses membres épuisés
par la lutte, engourdis par les privations. »

1. Ces paroles ont été prononcées sur la tombe d'Archereau, lorsque, 3 mois après
sa sépulture, à laquelle avaient assisté ses deux enfants et six amis seulement,
l'*Association des Inventeurs* alla déposer solennellement une couronne sur la tombe
de ce martyr de la science.

Après cette belle découverte, qui devait faire la fortune de tant d'industriels, Archereau, ruiné, se réfugia en Belgique. Deux ans plus tard, il revenait à Paris, et tentait pour la pierre ce qui lui avait si bien réussi... (au point de vue scientifique) pour le charbon. Ses pierres artificielles, obtenues avec un ciment agglomérateur, supportent le triple du poids dont on peut charger les calcaires, elles imitent ceux-ci à ce point que, ni les tailleurs de pierre, ni les entrepreneurs, ni les architectes ne peuvent y voir de différence, elles coûtent beaucoup moins cher. Mais Archereau n'a pas les capitaux nécessaires pour installer une grande usine avec outillage complet, puis, avant de lui faire des commandes, les architectes lui demandent des garanties pécuniaires tellement énormes qu'il ne peut en rien profiter de son invention.

Archereau ne se décourage pas pour cela ; n'a-t-il pas reçu de son pays et de sa race ce caractère trempé pour la lutte qui ne s'arrête jamais devant un obstacle ?

Sans cesse poussé par le génie de l'invention, il abandonne la pierre pour le plâtre. Vers 1882, il trouve le moyen de le rendre insoluble, puis de le cuire à bas prix. La cuisson qui exigeait 15 à 17 heures ne demande plus que 7 minutes ; la dépense des fabriquants est diminuée de moitié.

Même résultat dans la métallurgie. Dans l'expérience qu'il fit aux forges de Guérigny, appartenant à la marine, il arriva, grâce à l'emploi de l'oxygène, à fondre 300 kilos de fer en cinq minutes, magnifique résultat, sans doute, mais qui ne valut à l'inventeur ni récompense honorifique, ni commande sérieuse.

Des jours sombres se sont levés pour la France, Paris est assiégé et manque de tout. Archereau met au service de la patrie son travail et son génie. Il fait au four chinois 250 sacs de charbon par jour. Paris n'a plus de bois, Archereau agglomère 3 millions de kilog. de poussière de coke perdue, et avec cela chauffe tous les hôpitaux, toutes les ambulances et permet aux chocolatiers de fabriquer, chaque jour, 600.000 rations de chocolat. Quatre jours et quatre nuits à peine lui ont suffi pour transformer une briqueterie, et la mettre en état de faire 50 tonnes de coke aggloméré par jour, et quatre jours après, d'en produire 80 tonnes. C'était le seul combustible qui restât dans la capitale assiégée. Grâce à Archereau, Paris put dès lors se chauffer, préparer dans ses hôpitaux, dans ses ambulances, les remèdes et les boissons nécessaires.

Le service rendu était immense. Cette fois la récompense se fit attendre longtemps encore, il est vrai ; mais enfin elle arriva. Après 23 années encore de labeurs incessants et d'inventions nouvelles ; 23 ans de déceptions et de misères pendant lesquelles il sème des idées, des trouvailles fécondes sans s'inquiéter d'en tirer le moindre bénéfice, sans pouvoir même en réaliser aucun ; après avoir vu, en 1883, ses meubles saisis par l'huissier qui ne lui laisse, à lui qui a fait gagner des milliards, qu'un misérable lit de 100 fr. à peine ; après avoir eu la douleur de voir vendre à l'encan et disperser aux quatre vents toutes ses notes, tous ses documents, tous ses instruments de laboratoire ; après avoir été obligé pendant plusieurs années, vieillard septuagénaire, de courir d'usine en usine pour gagner sa vie et celle de sa fille veuve, et de sa petite-fille qu'il avait à sa charge ; lorsque Archereau mourut, à 74 ans, l'*Assistance publique* lui faisait depuis quelque temps une pension... *de 20 sous par jour !*

Tel fut Archereau : travailleur infatigable, cerveau merveilleusement organisé, l'un des plus féconds de notre siècle ; il aimait la science, il avait foi en elle, il la servait, et la défendait sans abandonner jamais les droits sacrés de la conscience, sans trahir sa foi religieuse. C'est cette foi qui le soutint dans son labeur incessant, contre l'indifférence et l'injustice des hommes, car toute sa vie, il fut fidèle à servir et à prier le « Dieu des sciences ».

Il était né inventeur. En 45 années, il prit plus de 40 brevets sur les objets les plus variés. Le premier date du 23 novembre 1847, le dernier est du 15 juin 1892, six mois avant sa mort. Il ne profita d'aucun ; trop peu homme d'affaires pour conduire ses découvertes de la théorie dans le domaine de la pratique ; trop simple, trop absorbé par l'idée pour se prémunir contre les industriels peu scrupuleux, ou contre les forbans de la Bourse et des banques interlopes. Mais le monde profitait de son labeur et de ses découvertes, il en profite encore.

« Archereau, dit le docteur Bourgeois, député de la Vendée, Archereau *fut avant tout un honnête homme, un bon français, un grand génie, un bon chrétien.* »

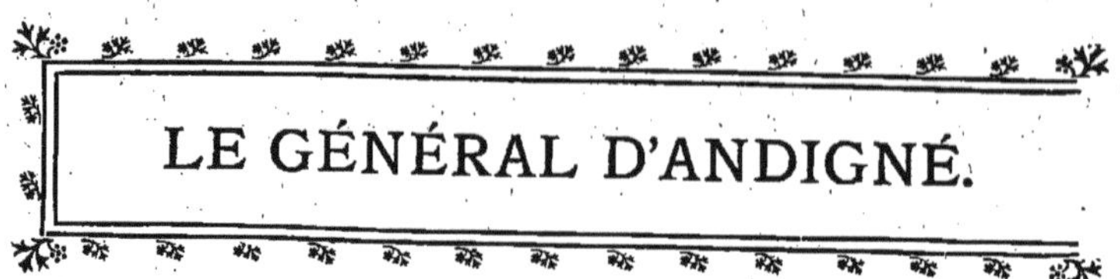

LE GÉNÉRAL D'ANDIGNÉ.

C'EST ordinairement sur le soir de la vie que l'on écrit ses Mémoires, alors qu'on voit de loin les événements passés. On peut alors les juger plus impartialement. Mais cette règle ne doit pas pourtant rester sans exception.

Certains Mémoires ne font que gagner, étant écrits aux heures propices, quand l'impression demeure encore assez vive pour n'en faire négliger aucun détail. Ceux du général d'Andigné sont de ce nombre. Aussi ne peut-on douter de leur absolue sincérité.

Après son évasion du fort de Joux, le général d'Andigné, toujours placé sous la surveillance de la police, rédigea ses Mémoires, à Grenoble, pour occuper ses loisirs (¹).

Nos lecteurs liront avec plaisir quelques-unes de ces pages où le courage et la vaillance se retrouvent dans leur sublimité, à toutes les lignes.

Bonaparte lui-même disait avec conviction : « Je serais fier d'être Vendéen. » C'est qu'il avait compris la noble fierté de ces indomptables soldats. Il aimait les hommes convaincus, et après avoir vu de loin le général d'Andigné, il voulut le voir de près.

C'était bien le chef le plus intrépide de l'armée de l'Ouest. Comme l'empereur, il n'avait que 34 ans. Il était né à Angers.

Napoléon lui donna rendez-vous au palais du Luxembourg, le 27 décembre 1799.

La conversation fut longue et animée. Talleyrand en habit de ville, et d'Andigné en uniforme vendéen, se tenaient de chaque côté du premier consul. Celui-ci était un peu emporté.

---

1. *Mémoires du général d'Andigné*, 2 vol. in-8°, chez Plon et Nourrit, parus en 1899, avec *Introduction*, par M. Edmond Biré.

Je lui parlais toujours du roi, raconte d'Andigné dans ses Mémoires, et il en paraissait choqué.

« Vous me parlez toujours du roi, êtes-vous donc royaliste?

— Depuis six ans, je combats pour la restauration de la monarchie française.

— Si vous ne faites la paix, je marcherai contre vous avec cent mille hommes.

— Nous tâcherons de vous prouver que nous sommes dignes de vous combattre.

PALAIS DU LUXEMBOURG.

— J'incendierai vos villes.

— Nous irons vivre dans les chaumières.

— Je brûlerai vos chaumières.

— Nous nous réfugierons dans nos bois. Au reste, vous détruirez la cabane du cultivateur paisible, vous ruinerez les propriétaires qui ne prennent aucune part à la guerre ; mais vous ne nous trouverez que quand nous le voudrons bien, et, avec le temps, nous détruirons toutes vos colonnes en détail.

— Vous me menacez, s'écrie Bonaparte, d'une voix terrible.

— Je ne suis point venu pour vous menacer, répondit brusquement d'Andigné, mais pour parler de la paix ; nous nous

TALLEYRAND.

sommes écartés de notre sujet, quand vous le voudrez, nous y reviendrons. »

Ces réponses calmes et froides avaient le pouvoir de ramener Bonaparte sur-le-champ.

« Tour à tour souple, caressant, ajoute M. Ed. Biré, et l'instant d'après menaçant et terrible, d'une habileté souveraine dans ses colères comme dans ses caresses, Bonaparte semble

NAPOLÉON.

dominer toute cette scène, de la hauteur de sa puissance et de son génie. L'oserai-je dire pourtant ? d'Andigné, ici, n'est pas inférieur à son formidable interlocuteur.

« Bonaparte a derrière lui ses victoires, Montenotte,

Millesimo, Mondovi, Lodi, Castiglione, Arcole, Rivoli, Mont-Thabor, Aboukir, les Pyramides.

« D'Andigné n'a derrière lui que des combats ignorés, mais tous livrés pour le droit, la justice et l'honneur. Il n'est qu'un général de Chouans ; mais ces provinces de l'Ouest, au nom desquelles il parle, ont vu des combats de *géants*, et ces *géants*, avec une vaillance héroïque, avec un désintéressement sublime, se sont sacrifiés, eux, leurs femmes, leurs pères et leurs enfants ; ils ont tout donné, leurs biens et leurs vies, ils ont combattu, non pour faire des conquêtes, non pas même pour acquérir de la gloire, voués d'avance, et ils le savaient bien, à l'obscurité aussi bien qu'à la mort.

« Ils sont tombés pour leur Roi, — pour leur Roi, prisonnier au Temple, fils du Roi mort sur l'échafaud. Ils sont tombés pour venger leur Dieu outragé, pour ramener leurs prêtres chassés, pour rétablir leur religion proscrite : ces héros ont été des martyrs.

« Rien de si beau, de si noble, de si populaire ne s'était vu depuis les croisades. Obscur alors, inconnu, presque méprisé, lui qui n'est qu'un chouan, d'Andigné a derrière lui Cathelineau, Lescure, d'Elbée, Bonchamps, Charette, Stofflet, La Rochejacquelein. Et c'est pourquoi, dans cette salle du Luxembourg, où vient de l'introduire Talleyrand, il peut, sans baisser les yeux, regarder en face le vainqueur des Pyramides et traiter avec lui d'égal à égal, — car il est la *Vendée*, et si grand que soit Napoléon, la *Vendée* est plus grande encore. »

Au cours de l'entrevue, Bonaparte, plus pacifique, dit au général :

« Que voulez-vous être, M. d'Andigné ? Ministre, général, préfet ? Je vous ai en haute estime, et vous et les vôtres serez ce que vous voudrez. »

M. d'Andigné l'assura qu'ils n'ambitionnaient tous aucune place, aucune faveur et ajouta :

« Moi et les miens, nous n'accepterons rien qu'autour du trône de Louis XVIII.

— Rougiriez-vous, par hasard, de porter l'habit que porte Bonaparte ?

— Nullement; mais nous n'irons pas combattre demain ceux dont nous étions hier les alliés. »

Les deux interlocuteurs se quittèrent sans avoir fléchi, ni l'un ni l'autre.

Bonaparte n'était pas l'homme à se laisser vaincre. S'il admirait d'Andigné pour son noble caractère, il le redoutait comme homme, et il le fit jeter en prison.

Quatorze fois, le héros vendéen réussit à s'évader des forteresses les plus imprenables.

L'empereur l'envoya au fort de Joux, à trois kilomètres de Pontarlier, sur la frontière de la Suisse. Ce fort entouré de montagnes couvertes de noirs sapins, se dresse à 200 mètres environ au-dessus du Doubs. Jamais prison ne fut mieux faite pour déjouer les efforts et les ruses des captifs. Elle n'offre pas moins de cinq enceintes, étagées les unes sur les autres, et séparées par des fossés profonds, creusés dans le roc vif.

Mais d'Andigné était fort et vaillant. En entrant dans cette forteresse, il y apporta encore l'espérance.

Pendant un an, il y épuisa toutes les ressources, tout le courage, toute la persévérance que peut inspirer l'amour de la liberté.

Il avait pour compagnon de captivité un autre chef vendéen, M. de Suzannet, de Chavagnes-en-Paillers. Tous les deux travaillaient ensemble. D'Andigné, d'abord, devant les geôliers s'amusait à limer ses grillages de fer avec un petit morceau de bois. Pauvre fou ! se disaient les gardiens, et ils ne s'occupaient plus de lui.

Aussi, bientôt remplaça-t-il le bois par l'acier.

Il lui fallait, la nuit, avec des ressorts de montre taillés en scie couper, au dedans du cachot, un premier rang d'énormes barreaux de fer, — puis en couper de même un second rang en dehors ; le jour, les traces de ce travail devaient être dissimulés avec de la mie de pain, enduite d'une rouille factice.

En même temps, besoin était aux captifs de démolir pierre à pierre leurs cheminées avec des clous, de fabriquer des cordes avec leurs rideaux, leurs draps, leurs couvertures et tous les bouts de ficelle à leur portée. Pendant plus de cent nuits, il travailla avec le même courage et le même zèle.

Tout cela avait duré une année. D'Andigné et Suzannet étaient entrés au fort de Joux, le 15 août 1801 : le 15 août 1802 était près.

Il était dix heures du soir, raconte M. Ed. Biré.

« Suzannet commença son trictrac, causant à haute voix, comme s'il eût discuté avec un partenaire. Pendant ce temps-là, d'Andigné coupait avec son petit couteau les dernières mailles du treillage. A une heure et demie du matin, ils attachaient en double aux barreaux de fer leurs rideaux et leurs cordes. D'Andigné le premier se lança dans le vide. Il était encore à dix pieds de terre, lorsque les rideaux craquèrent. Il les lâcha machinalement et tomba sur le sol de la cour, au pied d'un corps de garde, dont sa tête faillit enfoncer la porte.

« Quand Suzannet l'eut rejoint, ils tirèrent à eux cordes et rideaux, les attachèrent à la gouttière d'une poudrière à pic sur le roc et descendirent encore trente pieds, s'arrêtant sur un étroit talus. Ils avaient encore près de cent pieds à descendre, et leurs cordes ne pouvaient plus leur servir : elles étaient, cette fois, infiniment trop courtes, et d'ailleurs elles étaient à leur fin, hors d'état maintenant de les soutenir.

« Il ne leur restait plus qu'à se glisser sur ces rochers presque à pic, en essayant de se retenir un peu à leurs pointes. De rocher en rocher, de ressaut en ressaut, ils roulèrent ou rebondirent sur une hauteur de plus de vingt-cinq mètres.

« Ils auraient dû se tuer cent fois ; par un extraordinaire bonheur, ils arrivèrent au bas de la terrible pente, meurtris, contusionnés, déchirés, mais sans s'être brisé aucun membre : ils étaient sauvés. »

D'Andigné se hâte de délier le sac où sa prévoyance avait caché un costume de paysan. A peine a-t-il achevé de s'en revêtir, que soudain éclate ce cri : « Qui vive ? — Ami, » ré-

— LE FORT DE JOUX. —

pond-il aussitôt, et marchant droit vers la sentinelle, il joue si bien le campagnard que, sans hésiter, le soldat lui ouvre la barrière.

Libre enfin, le général élève sa pensée jusqu'à Dieu, qu'il remercie avec une vive reconnaissance. Il en reçut de nouvelles forces, et soit en se traînant à pied, soit en roulant dans une carriole qu'il trouva sur sa route, il parvint au château de Bouvesse, où une discrète hospitalité dans la famille de Valliers lui permit, pendant sept mois, de panser ses blessures et de recouvrer ses forces.

***

Qu'on nous permette d'ajouter quelques mots à ce récit déjà si dramatique.

D'Andigné contait à merveille. Il aimait à redire l'histoire de la pauvre plante qui avait, tout humble qu'elle fût — c'était un pissenlit — consolé et réjoui parfois sa captivité.

« Après avoir scié les barreaux placés à l'intérieur de leur cachot, nous l'avons dit, les deux prisonniers avaient attaqué les barreaux extérieurs. Il fallait, pour y parvenir, entrer dans la cage de la fenêtre, et là, courbé en deux, glacé par le givre et la neige, scier le fer à petits coups et à petit bruit, sans cesse exposé à être entendu par les hommes d'un corps de garde situé en face de la fenêtre. Bientôt, n'y tenant plus, épuisé de froid et de fatigue, celui qui s'était mis le premier au travail, rentrait dans la chambre, et se faisait relever par son compagnon. »

« Il nous fallait, écrit d'Andigné, une circonspection extrême: la sentinelle qui était à notre porte surveillait plusieurs points à la fois. Les hommes de garde sortaient souvent pour prendre l'air... L'intérieur de la cage où nous nous placions demandait aussi une grande attention. Le mortier, qui en faisait la base, avait été réduit en terre par le temps. Un pissenlit y avait pris racine ; ce fut longtemps la seule plante à notre disposition. Aussi le plus bel oranger d'une serre royale n'eut jamais de soins plus suivis. Il était devenu superbe ; nous le ménagions, autant par attachement pour lui que pour éloigner les soupçons. Celui qui montait dans la cage en attachait les feuilles ensemble ; il les déliait, lorsqu'il sortait, et les arrosait pour leur rendre leur fraîcheur. »

***

Napoléon, exaspéré, fit arrêter de nouveau d'Andigné. Mais

si le prisonnier avait mis un an à s'échapper du fort de Joux, il ne lui fallut pas 4 mois pour s'évader de la citadelle de Besançon.

Cette fois, la colère de Napoléon ne connut plus de bornes. Traduit au conseil de guerre, d'Andigné fut acquitté à l'unanimité. « Attendu, disait l'arrêt, que garder un captif comme d'Andigné était une chose impossible. »

LOUIS XVIII.

Par prudence cependant, le général quitta la France et se réfugia à Francfort.

Enfin, à la chute de l'empire, d'Andigné se trouva assez remis de ses blessures pour reprendre les armes. Le roi se hâta de le nommer commandant en chef des quatre départements de la Sarthe, de la Mayenne, de la Loire-Inférieure et de Maine-et-Loire, puis, pour le récompenser de ses éminents services, Louis XVIII le fit pair héréditaire de France.

Le séjour de Paris et celui de Fontainebleau, dit M. Éd. Biré, où l'entouraient tant de sympathies, étaient chers au général.

Il leur préférait cependant la campagne, son château de Monet, son Anjou, où il lui était doux, chaque année, de retrouver, à défaut de ses anciens compagnons d'armes, presque tous disparus, leurs fils qu'il aimait comme ses enfants.

On eût pu lui appliquer le mot de Bossuet : « **La bonté n'était pas seulement une de ses vertus, c'était son fond ; c'était lui-même.** » Bien des traits ici seraient à rappeler. Je n'en citerai qu'un. Il faisait, en se promenant dans ses domaines, des tas de bois mort, afin que les pauvres femmes eussent moins de peine à le recueillir.

Un dernier trait achèvera de peindre d'Andigné : il fut *fidèle*. Il a vécu 92 ans ; il a traversé douze ou quinze révolutions : il n'a servi qu'une cause, il n'a prêté qu'un serment. De cela, du reste, il ne se faisait point un mérite, trouvant la chose la plus naturelle du monde. S'il lui arrivait parfois, non d'en tirer vanité, mais simplement de s'en souvenir, c'était seulement lorsqu'il se trouvait en présence d'un puissant de ce monde, tout bariolé de croix, de titres et de serments. Un jour sous la Restauration, rencontrant à la chambre des pairs M. de Talleyrand, il eut avec le prince ce petit colloque, qu'il n'a point consigné dans ses *Mémoires* :

« Vous ne vous en doutez pas, M. de Talleyrand ? Il y a entre nous un rapport auquel vous n'avez jamais songé.

— Et lequel ? demanda le prince.

— C'est que sous la Révolution et sous l'Empire, j'ai été mis en prison précisément autant de fois que vous avez juré fidélité aux gouvernements qui se sont succédé.

— Vous avez raison, monsieur le comte ; je n'aurais jamais songé à celui-là. Et combien de fois avez-vous été en prison, monsieur le comte ?

— Douze fois, monsieur le prince.

— Précisément le nombre de mes serments. C'est étonnant comme les choses se rencontrent (¹). »

Plus il avançait vers la fin, plus il multipliait ses bonnes œuvres, plus il se rendait digne par sa foi et sa charité de paraître devant le Dieu qui couronne les siens en leur disant : « J'ai eu faim, et vous m'avez donné à manger ; j'ai eu soif, et vous m'avez donné à boire ; j'étais sans asile, et vous m'avez recueilli ; j'étais nu, et vous m'avez vêtu ; j'étais malade, et vous m'avez visité ; j'étais en prison, et vous êtes venu à moi. »

Le 12 janvier 1857, M. d'Andigné était entré dans sa 92ᵉ année. Il se trouvait en ce moment à Fontainebleau. Le 30 janvier, sa soirée se passa comme d'habitude ; il joua au wisht et se retira à onze heures et demie. A peine dans son lit, et sentant quelque oppression, il se leva avec l'aide de son domestique. Après lui avoir bien recommandé de ne réveiller personne de sa famille, il lui demanda d'abord d'aller chez le prêtre, puis chez le médecin. « Je vous donne bien du mal, lui disait-il, mais rassurez-vous, ce ne sera pas long. »

Un de ses fils accourut (l'autre était absent pour un jour), l'aida à se déshabiller et à se remettre au lit. La comtesse d'Andigné arriva un instant après. « Il faut nous quitter, ma chère amie, lui dit-il, il faut finir ! » Et comme on lui demandait s'il souffrait, il répondit doucement, avec un faible et dernier soupir : « Que voulez-vous ? on ne peut pas toujours être bien. »

Quand le curé de Fontainebleau arriva, le malade ne pouvait plus parler ; il reçut les derniers sacrements ; la veille, il avait reçu son Dieu dans la communion. A trois heures du matin, le général s'éteignit doucement, sans que rien eût marqué l'agonie. La mort avait été douce à ce vaillant.

---

1. Alfred Nettement, *Souvenirs de la Restauration*, p. 104. — *Introduction aux Mémoires d'Andigné*, E. Biré, p. 39.

« La postérité est volontiers oublieuse. Il est bon cependant que de telles existences soient connues. Elles nous disent que le succès est de peu de prix et que l'honneur est le bien suprême ; que la vraie gloire est là seulement où sont le sacrifice, la générosité, le dévouement, le devoir. Elles nous apprennent qu'il n'y a pas de belles renommées en dehors de la fidélité à quelque chose de grand. Le temps présent surtout a besoin qu'on lui rappelle ces choses, Les *Mémoires* du général d'Andigné viennent à la bonne heure ([1]). »

1. Ed. Biré, *Introduction aux Mémoires du général d'Andigné*, p. 48.

UNE HÉROÏNE VENDÉENNE [1].

MARIE Lourdais était Vendéenne d'adoption, mais digne par sa foi bretonne d'être au nombre des héroïnes de la Vendée catholique. Elle était née à Domalain, canton d'Argentré, dans l'Ille-et-Vilaine, en 1761. Elle avait donc 30 ans environ quand la Révolution éclata. Elle habitait alors la Gaubretière (Vendée), où elle tenait un petit fonds d'épicerie. Dès 1792, comme elle avait appris que les prêtres internés dans Nantes y menaient une vie précaire et malheureuse, la voilà qui abandonne sa petite boutique ; elle troque son costume poitevin, un peu lourd, contre la robe accorte et la coiffe coquette des femmes nantaises. Ainsi déguisée, elle peut aller et venir sans éveiller les soupçons ; mais, malgré toutes ces précautions, les périls sont grands encore. Elle met huit jours à se rendre de Nantes à Ancenis, pour porter à deux prêtres cachés dans les environs quatre soutanes et leurs ornements nécessaires à la célébration de la messe. A tout instant, les patrouilles patriotes l'arrêtent et veulent fouiller son paquet ; il lui faut inventer cent tours ingénieux pour détourner leur curiosité dangereuse. D'ailleurs, elle ne voyage que la nuit. Enfin, elle joint les deux prêtres, a la joie, pour récompense, d'assister à leurs messes et revient à Nantes.

Dès ce moment, son dévouement ne chôme pas. Mme de la Rochefoucaud, Mmes de Couëtus, de la Brossardière et d'autres encore, l'emploient continuellement dans la ville et les environs ; elle parcourt toutes les paroisses *du bord de la Loire*, avec des vivres, des effets et de l'argent ; c'est la Providence des malheureux prêtres proscrits. Les Bleus l'arrêtent parfois ; on l'accuse d'être royaliste ; son sang-froid et sa prudence la

---

1. Extrait d'un nouveau chapitre des *Actes des Martyrs*, par M. l'abbé Eug. Bossard, docteur ès-lettres, professeur à la Faculté libre des lettres, à Angers.

sauvent toujours du danger. Enfin, pour diminuer encore les soupçons, on lui achète du fil, du savon, du galon, tout ce que comporte le ballot d'une mercière ambulante, et la voilà qui chemine de plus belle par la campagne, offrant ses menues marchandises, colportant les nouvelles, plus soucieuse d'écouter que de vendre, éventant les périls, déjouant les complots, préservant de la prison, de l'exil et de la mort des êtres bien chers à sa foi. Dès qu'elle rentrait dans Nantes, elle allait sans scrupules, tous les soirs, aux séances des clubs et du Tribunal révolutionnaire, où elle entendait plus de blasphèmes que de paroles édifiantes, mais où elle se tenait au courant de toutes violences projetées, afin d'agir utilement en conséquence.

Quelles inquiétudes parfois et quels dangers ! Un jour, au club de Vincent-la-Montagne, elle entend dire que tous les prêtres qui se présenteront le soir, selon l'habitude, à la municipalité, seront jetés en prison. Elle sort en toute hâte, court avertir ses amies et vient s'embusquer près de la municipalité. Tous les prêtres qui se présentent la trouvent sur leur chemin : elle les suit, les tire par leur soutane, leur fait prendre une autre route et les cache. Le lendemain, elle les habille en femmes, pour les dérober plus facilement, et peut même en faire sortir jusqu'à sept de la ville. Quelques jours après, elle fournit une course de quatre lieues sans respirer, luttant de vitesse avec un détachement républicain, envoyé pour arrêter M. Proust de Langlade, mort depuis curé de Paimbœuf ; elle devance l'ennemi, parvient, après des péripéties romanesques, à sauver le proscrit et le conduit à deux lieues de là encore chez des fermiers dont elle est sûre. L'abbé Charette de la Colinière, vicaire général de Mgr de Mercy, évêque de Luçon et cousin du général de Charette, lui dut plus d'une fois la vie : « Il m'a donné bien du mal, celui-là, disait-elle dans sa simplicité charmante, pour le cacher d'une métairie à l'autre. » Telle fut sa vie pendant plus de dix-huit mois.

Enfin, elle fut dénoncée et obligée de fuir ; mais, en bretonne greffée de vendéenne qu'elle était, elle n'abandonna pas pour cela la partie ; elle se servit des jardiniers des environs de Nantes et de leurs femmes, qui entraient dans la ville et en sortaient à leur gré, afin d'avoir ce qui lui était nécessaire pour ses prêtres. Rien ne la lassait : quinze lieues par jour, à pied, dans des chemins mauvais et à travers champs, sous le soleil ou sous la pluie, ne lui faisaient pas peur. « Dieu, dit- « elle, me donnait des forces. Quand j'avais entendu la messe,

GÉNÉRAL DE CHARETTE.

« je me remettais en route ; je ne craignais pas la mort ; et « puis ces bons messieurs étaient si contents quand ils me « voyaient. »

Un jour pourtant elle fut forcée de quitter Nantes et ses environs : alors, toujours portant sa petite boutique, elle se rendit, en se faufilant à travers les postes républicains, à Belleville, quartier général de Charette. Le général, qui se connaissait en audace et en intrépidité, jugea au premier coup d'œil celle qu'il appela dès lors, à la grande joie de l'humble femme, « *Ma Bretonne* ». Il l'attacha au service de l'armée et lui confia les missions les plus graves, celles où il faut autant d'adresse et de sang-froid que de courage et de résistance. Il l'envoyait d'un corps d'armée à l'autre, d'une extrémité à l'autre de la Vendée, de Montaigu à Fontenay, de Cholet à Luçon, de Belleville à Noirmoutier. Il la chargea même d'y porter une lettre au généralissime d'Elbée. Elle cacha la lettre, selon son habitude, entre deux doublures de son bonnet nantais et, malgré mille dangers, parvint jusqu'à Noirmoutier, où pendant deux jours, elle put entretenir d'Elbée et ses compagnons des nouvelles du continent. Puis elle rapporta de la même façon la réponse du généralissime à Charette, à Vieillevigne : « Le général Charette, dit-elle, pleura, lorsque je lui « dis les paroles d'Elbée. » Comment échappa-t-elle toujours au danger d'être prise et fusillée ? N'en demandez pas d'autre explication que la sienne : « J'avais toujours sur moi une mé- « daille de la Bonne Vierge ; je ne l'ai point perdue, la voilà « encore ; c'est bien elle qui m'a sauvée. »

D'un mot, cette généreuse femme faisait sa meilleure récompense. Quand Charette lui avait dit : *Ma Bretonne !* ou M. de Sapinaud : *Ma Paroissienne !* elle était prête à toutes les courses ; et quand M. de Sapinaud, pour lui donner des forces, lui avait tendu sa gourde, elle ne connaissait plus de dangers. D'ailleurs, rien n'égalait son sang-froid dans le péril : elle donnait de la tête aux plus effarés ; sur les champs de bataille, dans les évasions, au milieu d'un massacre, elle avait de ces décisions qui sauvent. Au soir de la bataille de la Roche-sur-Yon, comme elle suivait un convoi de blessés, soudain les Bleus tombent sur la petite troupe, ils massacrent tout, soldats et blessés. Marie Lourdais se voit perdue : tout à coup, elle tombe par terre et fait la morte ; plusieurs blessés sont massacrés sur elle et la couvrent de leurs cadavres et de leur sang ; elle reste immobile jusqu'au lendemain. Quand les Bleus se sont éloignés et qu'elle n'entend plus rien, elle soulève les morts qui pèsent sur elle et parvient à se relever. Quel spectacle sur la lande ! Tout autour d'elle plus de deux cents cadavres affreusement mutilés ! Si, du moins, elle pouvait leur donner la sépulture ! Mais elle a seule survécu, elle est à bout de forces physiques ; elle ne peut que se mettre à genoux et prier pour les âmes des martyrs, et elle s'éloigne. Comme elle s'en va, la Providence met sur sa route un peu de pain tombé d'une charrette ; il n'en fallut pas davantage pour lui rendre le courage.

Pour se faire une idée de cette vie d'héroïsme journalier, il faudrait pouvoir évoquer dans une même page toutes les souffrances physiques et morales qu'elle endura, pendant plus de huit ans. Car la vie n'était pas douce l'hiver, par le froid, ou l'été par la chaleur. Que de marches faites nu-pieds, sans un morceau de pain pour assouvir sa faim dévorante ! Aussi, c'était une aubaine, — mais une aubaine trop rare, — quand un coup de main mettait au pouvoir de l'armée un convoi de munitions et de vivres. Un jour, à la Chevasse, Charette enleva un convoi républicain : elle obtint, elle, pauvre femme qui rendait tant de services, un morceau de pain, « ce qui me fit « grand bien, dit-elle, c'était le quatrième jour que je n'avais « rien vu ». Plus heureuse encore peut-être fut-elle à Chauché où le général Sapinaud lui fit donner, avec un morceau de pain, une paire de souliers ; il y avait si longtemps qu'elle courait les pieds nus sur la lande et dans les genêts !

Quand elle n'était pas en courses pour les généraux, sa grande occupation était de soigner les blessés, après les avoir ramassés sur les champs de bataille, dans les hôpitaux improvisés ou dans les fermes, et d'enterrer les morts. A Maulévrier, à Saint-Fulgent, aux Brouzils, à Saint-Vincent, à la Roche-sur-Yon, à Pouzauges, en bien d'autres endroits encore, elle demeure au milieu du feu, elle soutient les blessés, court chercher les chirurgiens, prie avec les moribonds, se charge de leurs dernières volontés et les excite à bien mourir. Sur le champ de bataille des Quatre-Chemins, elle enterre, à elle seule, plus de vingt cadavres.

Ce ministère, tant loué dans l'Écriture, offrait souvent des difficultés matérielles et des souffrances morales presque insurmontables. Elle rencontra, un jour, près de Belleville, dans un fossé, cinq cadavres abandonnés depuis longtemps : c'étaient les corps mutilés de Mlles de La Lézardière, religieuses bénédictines des Sables-d'Olonne. L'une d'elles était encore fraîche et vermeille ; mais les autres étaient horribles à voir : le cadavre de l'une était à moitié dévoré par les chiens, les autres étaient couverts de boue et dans un état de décomposition avancée. Elle appelle à son aide un homme de la Gaubretière, Baudru ; elle veut retirer ces cadavres du fossé pour les arracher aux profanations des passants et des bêtes fauves. Baudru sent son cœur se soulever, mais Marie Lourdais l'encourage : « Dieu est avec nous, lui dit-elle ; ce « sont des saintes qui prieront pour notre conservation, si « nous leur rendons ce dernier devoir. » Baudru se rend à sa prière ; il les prend par les épaules, elle, par les pieds ; et malgré des essaims de mouches qui voltigent autour d'eux comme des essaims d'abeilles, elle les tire du fossé, les lave avec soin, les met dans des draps bien blancs et les enterre dans le cimetière de Belleville, auprès de la croix. Ces détails choquent peut-être la délicatesse ; mais ne font-ils pas d'autant plus briller l'héroïque charité de Marie Lourdais ?

Quand le combat est terminé, elle ne quitte pas les paroisses environnantes pour soigner les blessés ; elle court de l'un à l'autre, dans les fermes, partout où elle sait qu'il s'en trouve. Tout lui manque : médicaments, linge, charpie, nourriture ; les blessés meurent sous ses yeux, et son cœur est inondé de tristesse de les voir ainsi souffrir sans pouvoir les soulager. Elle n'a d'autres joies que de leur procurer les secours suprêmes de la religion; mais, pour leur donner cette dernière consolation, elle ne recule devant aucune fatigue, courant chercher, à des distances parfois considérables, les prêtres où elle sait qu'ils sont cachés, les guidant à travers les genêts, les fauves et les Bleus, et les ramenant, leur ministère accompli, dans leurs cachettes où elle a coutume de leur apporter le nécessaire à leur triste vie.

N'est-il pas vrai que cette belle figure de femme vendéenne méritait d'être retracée en quelques traits ? Pour moi, qui ai déjà parcouru en bien des sens la Vendée, je n'en ai point rencontré ni de plus touchante, ni de plus héroïque.

QUAND de terribles fléaux comme la peste, la fièvre jaune,
le choléra s'abattent sur la terre pour en décimer les habitants, ce ne sont pas seulement des individus qui sont
emportés, mais des familles tout entières disparaissent à la fois.
La Terreur de 1793 causait les mêmes effets. Elle frappait en
grand.

Une jeune fille nommée Rosline servait dans une noble
famille et depuis plusieurs années ; objet des soins les plus
affectueux de ses maîtres, elle leur avait juré le plus absolu
dévouement.

Cette noble famille avait été arrêtée, ses membres étaient
morts sur l'échafaud. La jeune Rosline en ressentit une amère
douleur. Rien ne pouvait la consoler. Or un jour on vint la
chercher elle aussi, son attachement pour ses maîtres était
connu et la fit passer pour suspecte.

Quand la fille de Jean et de Marie-Anne Lemercier se fut
avancée auprès de l'administrateur, dans les yeux duquel on
lisait un farouche orgueil, elle se prit à trembler de tous ses
membres. Après un moment de silence, Carrier, car c'était lui,
dit à Rosline :

« Remettez-vous de votre trouble, jeune fille, et répondez
sans détour aux questions que je vais vous poser. »

La villageoise écouta l'exorde de Carrier ; elle était calme.

« Votre âge ? dit-il.

— Près de vingt ans.

— Où êtes-vous née ?

— Au hameau du Retrait, département de Maine-et-Loire.

— Les noms de vos parents ?

— Jean et Marie-Anne Lemercier.

— Quelle était leur profession ?

— Ils étaient fermiers.

— De qui tenaient-ils leurs terres ?

— De la famille de St-Paul.

— C'est à cette race coupable que vous devez de comparaître aujourd'hui devant moi ; vous feriez mieux de retourner tranquille au hameau sous le toit où vous êtes née.

— Vous vous trompez, citoyen représentant. Je ne pourrai plus vivre sous le toit natal.

— Pourquoi ?

— Parce qu'il est renversé et brûlé.

— Brûlé et renversé par qui ?

— Par vos soldats, vous devez le savoir, l'ordre a été donné par la Convention que vous représentez. »

Carrier se trouva embarrassé et interrompit un instant son interrogatoire. Pendant ce temps, l'esprit de Dieu descendait sur la jeune vierge qui ne parlait que sous son inspiration.

« As-tu été séparée de ta mère depuis son arrestation ?

— Non, citoyen ; ce matin elle voulait me suivre ; mais elle en a été empêchée ; on lui a dit que l'ordre ne concernait que moi seule.

— Je t'ai mandée seule en effet ; et d'après la manière dont tu me répondras, je saurai si je dois vous séparer ou vous réunir.

— Oh ! ce serait trop cruel, je n'ai plus que ma mère.

— Où est ton père ?

— Là où il a cru que son devoir l'appelait.

— Ton frère est avec lui ?

— Oui, citoyen.

— Ce sont des insensés ; pourquoi se mêlent.ils des querelles entre les ci-devant nobles et le peuple ?

— Ils défendent la religion que vous voulez leur ôter, ils

gardent au milieu d'eux les prêtres que vous persécutez et que vous voulez bannir.

— Les prêtres les égarent; ce sont leurs plus cruels ennemis.

— Ces prêtres, citoyen, nous enseignent à nous aimer et à nous entr' aider comme des frères. Ces prêtres ont baptisé, marié et enterré nos pères. Ces prêtres sont les amis des malheureux et des indigents ; si vous nous les aviez laissés, prêchant la charité et la paix, le sang n'aurait pas inondé nos terres et l'on y verrait de belles moissons au lieu de la désolation que vous y avez répandue.

— Jeune fille, tu parles en fanatique, voilà ce que tu as appris à l'école de tes prêtres.

— Non, j'ai appris à leur école à ne craindre que Dieu.

— Ils ne t'ont pas appris la prudence.

— Ils m'ont enseigné le courage.

— Ton exaltation te perdra.

— La foi qu'ils m'ont donnée me sauvera.

— Ils t'ont poussée vers l'échafaud.

— Ce sera pour moi le chemin du ciel. »

Tous ceux qui écoutaient Rosline étaient subjugués de tant de vaillance ; mais l'héroïsme chrétien était échu en partage aux paysans vendéens, et ces hommes, ces femmes et ces jeunes filles qui ne savaient que leur *Pater* et leur *Ave*, devenaient devant leurs persécuteurs, sublimes de foi, de résignation et de courage.

Carrier ne se pressait pas de reprendre son interrogatoire, il songeait, il étudiait le cœur de cette jeune fille pour arriver à la dompter.

Mais elle, dont l'assurance venait d'en haut, ne se troublait point. Voyant que le silence se prolongeait, elle prit elle-même la parole.

« Citoyen, si mon interrogatoire est fini, veuillez donc, je vous prie, donner des ordres pour que je sois reconduite à ma mère.

— Ta mère ! ne sais-tu donc pas que tu ne dois plus la revoir ?

— Ah ! mon Dieu, mon Dieu, s'écria Rosline ! Ma mère n'a plus que moi. Qu'en avez-vous fait ? Oh ! je vous en supplie, dites-moi ce qu'elle est devenue. Je veux la revoir.

— Inutile, tu ne la reverras plus. »

Carrier fit une longue pause pour torturer le cœur de la jeune vendéenne, puis il reprit lentement :

« Non, brigande, tu ne la reverras plus, à moins que tu ne me révèles où ton jeune maître Antonin de St-Paul a caché l'or que les Anglais lui ont fait remettre, pour solder l'armée de Cathelineau. »

La pauvre enfant, qui avait pensé un instant que sa mère avait été emmenée aux affreux bateaux de la Loire, reprit une lueur d'espoir ; mais elle ne disait rien.

« Réponds, citoyenne, lui dit Carrier, il faut que je sache où l'or des Anglais a été caché par l'agent de nos éternels ennemis.

— Je n'ai jamais connu d'agent des ennemis de la France.

— Ton maître, Antonin de St-Paul, était un des agents les plus actifs du ministère anglais.

— Ce n'est pas vrai.

— Tu donnes un démenti à un représentant de la Convention, prends garde.

— J'en donnerais un à un ange du ciel, s'il venait me dire que mon jeune maître a été un seul instant indigne du nom qu'il portait.

« Lui, ennemi de la France, vous ne le connaissiez pas. Il voulait la France grande et forte, pure et noble, riche et calme. Il la voulait avec une religion sainte et consolante, avec des églises où l'on prie, où l'on espère, et non avec votre horrible terreur, vos milliers de prisons où l'on pleure sur soi et sur les autres, avec des prêtres et non avec vos bourreaux, avec une sage liberté et non avec l'odieux esclavage que vous nous faites subir à tous.

— Tu combles la mesure, fille du peuple. Je voulais te sauver ; puisque tu t'endurcis dans le mal, puisque tu ne veux rien révéler ; demain tu verras ta mère monter à l'échafaud et tu l'y suivras.

— Citoyen, répondit Rosline avec calme, épargnez ma mère; elle commence à être âgée, renvoyez-la à son village, elle vivra tranquille, et faisant le bien. Quant à moi je suis prête à quitter la vie. Je n'achèterai pas mon salut en calomniant des innocents.

— Tu persistes dans tes dénégations ?

— Oui, je jure devant Dieu que Monsieur de St-Paul n'a rien reçu de l'Angleterre, et je le nierai demain au pied de l'échafaud ; et, quand votre bourreau m'aura couchée sur la planche rougie du sang de tant de fidèles, je le nierai encore.

— Ainsi pour sauver ta mère, tu ne feras rien ? »

La pauvre Rosline pâlit, les larmes jaillirent de ses yeux, elle s'écria au milieu de ses sanglots.

« Ah ! ma mère, ma pauvre mère, elle me maudirait, monsieur, si pour racheter ma vie ou sauver la sienne, j'étais capable de calomnier la mémoire de M. de St-Paul, descendant si pur d'une race sans reproche.

— Une partie de cette race que tu trouves si pure ne souille plus le sol de la patrie. L'exécuteur de la justice en a purgé la France. C'était leur tour hier, demain ce sera le tien. »

La jeune Rosline fut reconduite en prison, elle avait eu de nombreux admirateurs. Un d'entre eux, le général Landais, officier républicain, en eut pitié et lui ménagea une entrevue avec sa mère. Il fit plus, il les sauva toutes les deux au moment où, liées ensemble, elles allaient être jetées à la Loire.

La vertu de l'humble jeune fille avait converti le farouche républicain.

MESDEMOISELLES
DE LA SORINIÈRE (10 FÉVRIER 1794).

LES demoiselles du Verdier de la Sorinière, nées à Chemillé, ont laissé dans notre contrée le plus précieux souvenir.

Les circonstances de leur arrestation et de leur martyre méritent d'être racontées.

Aux approches de la Terreur, Mme de la Sorinière, leur mère, forcée de quitter son château, avait cherché un asile auprès de Cholet, dans la paroisse du Longeron, dans une maison qu'elle possédait à l'entrée du bourg. Ses deux filles l'accompagnaient. L'aîné des fils s'était réfugié en Angleterre, et le cadet combattait dans la Vendée.

Malgré l'unanimité des sentiments qui régnait dans tout le territoire vendéen, il se rencontra nécessairement plus d'un traître, plus d'un homme vendu aux ennemis du pays.

Or, au Longeron, il en existait un de cette espèce. Les insurgés l'avaient surnommé le *grand loup*, à cause de ses méfaits. Il était effectivement de la race de ces tyrans de village, que le goût du sang et un vil orgueil mettent trop souvent en relief dans les temps difficiles. Désolés de se voir décimés par ses délations, les Vendéens avaient résolu de se débarrasser de ce scélérat. Ils se mirent à sa poursuite, et allaient l'atteindre, lorsque le misérable, épuisé de fatigue, se jeta, tremblant, dans la maison de Mmes de la Sorinière. Il tombe à leurs pieds et demande grâce.

Mme de la Sorinière, connaissant tous ses crimes, le repoussa d'abord, mais il insista et s'écria avec un accent hypocrite : « Vous voulez donc être la cause de ma perte éternelle, vous savez dans quel état est mon âme. » Et il se tordait de désespoir.

Vaincue par la pitié et surtout par la piété, Mme de la Sorinière, n'écoutant que son grand cœur, s'empresse de le sauver et le dérobe aux recherches des Vendéens irrités.

Trois jours après, cet infâme acquittait sa dette de reconnaissance en allant dénoncer ses saintes bienfaitrices.

Mmes de la Sorinière furent garrottées et conduites dans les cachots d'Angers, d'où elles ne sortirent que pour monter à l'échafaud.

C'était le 10 février 1794. On entendit depuis les prisons nationales jusqu'au champ des martyrs, les airs retentir des cantiques les plus doux et les plus célestes. On eût dit des chants de fête, comme aux processions de la Fête-Dieu et de l'Assomption.

Ces chants pieux, psaumes, cantiques, coulaient limpides des lèvres de Mlle de la Sorinière, et les soixante-treize victimes qui les accompagnaient au supplice, subissaient une telle influence que la crainte de la mort paraissait suspendue parmi elles.

Quelques voix mêmes s'unirent aux premières, et bientôt le chant, gagnant la chaîne entière de ces innocentes victimes, faisait trêve aux larmes et aux cris lamentables.

Les bourreaux sous le charme de la voix magnifique de Mlle Louise de la Sorinière, oubliaient de maudire et de blasphémer. Elle avait à peine 20 ans. La vie s'ouvrait à elle sous les plus charmants auspices. Mais d'une vertu supérieure elle envisagea la mort avec calme et comme sans regrets. Elle n'aspirait qu'au ciel.

Une pauvre mendiante, passant près du cortège, s'approcha de Mlle de la Sorinière pour implorer sa charité. La sainte jeune fille n'avait point d'argent sur elle. Elle détacha la belle pelisse ouatée qui couvrait ses épaules et la posa sur celles de l'indigente. Cette dernière se retira en sanglotant ([1]).

---

1. Ce sujet a été sculpté par M. l'abbé Choyer. Il a représenté Mlle Louise de la Sorinière donnant sa pelisse à la vieille mendiante.

Un officier républicain, profondément ému et touché de cette

sublime charité, s'approcha à son tour, et dit à Mlle de la Sorinière: « Si vous me voulez épouser, je vous sauverai. »

— Sauverez-vous aussi ma mère et ma sœur? dit l'héroïque enfant.

— Je ne le puis ! répondit l'officier.

— Alors, laissez-moi mourir, j'aime mieux la couronne du martyre que votre affection. »

Elle ignorait encore, la pauvre enfant, que sa mère n'était plus de ce monde et qu'elle avait été exécutée, sur la place du Ralliement, 15 jours auparavant, c'est-à-dire le 26 janvier 1794.

La pieuse Lisette ([1]) mourut, souriant aux anges qui l'attendaient pour l'introduire de suite au paradis.

Sa sœur, Mlle Catherine, âgée de 35 ans, ne montra ni moins de courage, ni moins de piété. La Révolution seule l'avait empêchée de se faire religieuse ; la mort pour elle était une fête.

Cette héroïque famille donna à notre chère Vendée ([2]) un touchant et sublime exemple de grandeur d'âme et d'amour de Dieu.

Le sang si pur de tant de victimes n'a pas coulé en vain. La Vendée porte encore ses fruits, et sa glorieuse résistance n'a pas été stérile.

---

1. C'est ainsi qu'on l'appelait dans la famille.
2. Dans notre contrée on retrouve plusieurs descendants des Verdier de la Sorinière.

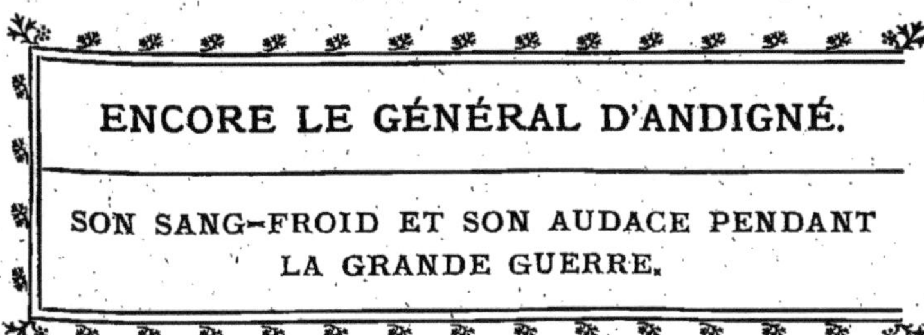

Dans les guerres ordinaires, les jours de batailles sont presque les seuls jours de dangers. Pour le Vendéen, au contraire, en 93, le danger était de tous les jours, de toutes les heures. Sa vie était une alerte continuelle. La nuit même ne lui apportait pas le repos ; plus encore que le jour, elle était pour lui pleine d'embuches.

« Le soldat, dit d'Andigné, passait la nuit dans les étables, dans les greniers ; les officiers couchaient sur la paille, devant une cheminée, les pieds au feu, la tête sur des chaises renversées ; de la sorte nous étions sur pied à la moindre alerte. »

Point de bataille rangée, ajouta M. Edmond Biré, mais d'incessantes rencontres, de perpétuels combats, où le chef, à la tête d'une poignée d'hommes, est particulièrement visé, où il lui faut souvent lutter corps à corps et se défendre comme en combat singulier.

S'il est pris, ce n'est point la captivité qui l'attend, une captivité honorable, bientôt suivie d'un échange ; s'il est pris, sur l'heure, fusillé au coin d'un champ.

Il est donc vrai qu'il lui faut une bravoure d'une qualité particulière ; besoin est qu'il joigne à l'intrépidité, à l'audace, une continuelle présence d'esprit, un extraordinaire sang-froid.

Le sang-froid joint à l'audace, telle est bien la note caractéristique de d'Andigné dans toutes ses guerres. Je veux citer ici trois traits que le général n'a pas cru devoir rappeler, mais que ses hommes se plaisaient à redire (¹).

---

1. Ed. Biré, *Introduction aux Mémoires d'Andigné*, p. 28.

Un jour, avec quelques-uns de ses soldats, il allait passer, dans la campagne, à côté d'une habitation dont les volets étaient fermés. La maison lui parut suspecte. Il fit arrêter ses hommes avant d'y arriver, et voulut lui-même faire la reconnaissance. S'approchant seul de la maison, il ouvrit les volets. Au même moment, des coups de feu partirent de l'intérieur. Il referma tranquillement les volets, et dit à ses soldats : « Prenez plutôt tel chemin ; il ne fait pas bon ici... » Puis il les rejoignit sans manifester la moindre émotion [1].

Une autre fois, il s'était réfugié, pour faire sa correspondance, dans une métairie située à mi-chemin de Legré à Loiré, la métairie de *Limesle*. La fermière veillait à la porte, pendant qu'il écrivait sur la table de famille, tout en mangeant une beurrée que, sur sa demande, son hôtesse avait divisée en *compagnons* (les Angevins appellent ainsi les morceaux que l'on découpe tout autour sur la croûte de la tranche de pain).

Tout à coup, la fermière rentre, toute tremblante et blême de frayeur. « Monsieur, dit-elle, nous sommes perdus : Les *bleus* arrivent...

— Combien sont-ils ? demanda-t-il, tout en continuant d'écire.

— A peu près une quinzaine.

— Bien, ma fille. A quelle distance ?

— A cinq cents pas dans le champ.

— Bon. Laisse-les venir. »

Et il termine sa lettre.

« Monsieur, les voilà dans l'aire... à cinquante pas !

— C'est bien. Adieu, ma fille; s'ils te font du mal, pardonne-moi.

— Mais, monsieur, c'est pour vous que j'ai peur.

— Ne t'inquiète pas. »

---

1. L'abbé Crosnier, *Le général d'Andigné*, p. 131.

D'Andigné avale son dernier *compagnon*, ramasse son papier, met son écritoire dans sa poche et, avec la rapidité d'une flèche, traverse l'aire où sont rangés en demi-cercle les soldats, qui, pendant qu'il est au milieu d'eux, n'osent pas tirer par crainte de tuer quelques-uns des leurs. Avant qu'ils aient couru sur le fugitif, celui-ci braque ses pistolets sur les hommes qu'il avait en face, les écarte et s'échappe à travers les champs, sautant les fossés, franchissant les haies, essuyant le feu des balles, dont deux seulement l'effleurent, si bien qu'il put, sans autre dommage, rejoindre ses compagnons ([1]).

Un autre jour, sa division est surprise par les *bleus*, et ces derniers sont cinq ou dix fois plus nombreux que ses hommes. Ses deux aides de camp sont frappés mortellement à ses côtés ; son cheval est atteint et tombe. Le général avait derrière lui un petit porte-manteau, contenant quelques écus, sa seule fortune, et attaché à sa selle par des cordes. Sans s'inquiéter des balles qui pleuvent sur lui, il tire un couteau de sa poche et se met à couper ou plutôt à scier les cordes.

« Sauvez-vous, mon général ; qu'importent quelques cordes ?... lui crie un de ses officiers.

— Je ne veux pas qu'ils les aient... » répond d'Andigné, et il continue à scier les cordes comme s'il eût été seul ; puis, sa besogne achevée, il prend le porte-manteau sous son bras, et il s'en va, sans que son visage ait trahi une émotion, sans même hâter le pas.

---

1. *Le général d'Andigné*, par l'abbé Crosnier, p. 132.

C'ÉTAIT au mois de février 1793. Une colonne républicaine se répand dans le bourg de Saint-Laurent-sur-Sèvre, le fer et la flamme à la main. Les habitants effrayés s'enfuient.

Les Bleus entrèrent dans la chapelle des religieuses de la Sagesse et s'y comportèrent d'une manière indigne. Ils se revêtirent des ornements sacerdotaux et se promenèrent dans toute la maison, jusque dans la cuisine, où ils insultèrent et menacèrent de mort les sœurs qui leur préparaient un repas.

Une jeune religieuse se rend à la chapelle pour saluer le Saint-Sacrement, et faire à Notre-Seigneur une amende honorable. Elle priait avec ferveur lorsqu'elle vit entrer un soldat plus impie encore que les autres. Le Bleu pénètre dans le sanctuaire, force le tabernacle avec son sabre, s'empare du ciboire contenant les saintes Hosties et s'enfuit du côté du jardin, sans doute pour que ses camarades ne pussent lui demander la part de ce pillage sacrilège.

La jeune fille se lève, et se met à le poursuivre en lui criant : « Citoyen, rendez-moi mon Maître ! rendez-moi mon Maître ! » paroles qu'elle répétait sans cesse, en continuant à courir.

Le misérable avait à franchir un fossé qui fermait le jardin. Intimidé par les cris de cette sœur qui le suivait toujours, il jette en passant, le ciboire dans ce fossé, probablement avec l'intention de venir le prendre plus tard.

L'héroïque religieuse tombe alors à genoux, et se met en adoration dans la boue du fossé et y reste toute la nuit.

Le matin, des gens du bourg qui rentraient chez eux, sachant que les ennemis s'étaient retirés, vinrent à passer par le jardin de la communauté. « Je vous en prie, leur dit la pieuse adoratrice, allez avertir M. le Supérieur, qu'ils ont pris mon Dieu et qu'il est ici. »

M. Supiot, le supérieur, caché dans une ferme voisine, est prévenu aussitôt. Il se revêt du surplis et de l'étole, se fait accompagner d'un clerc portant un flambeau, se rend au plus vite, et trouve, en effet, le ciboire plein des saintes Hosties et l'emporte à la chapelle, uniquement occupé des outrages que Notre-Seigneur vient de recevoir, et ne pensant même pas aux maux qui le menacent lui-même.

LA Gaubretière fut la paroisse de Vendée la plus éprouvée pendant la grande Révolution. C'est une paroisse de foi et de courage, héroïque entre les plus vaillantes. « Le sang des martyrs, semence des chrétiens, » a-t-on dit souvent. Le sol de la Gaubretière était une terre toute prête pour cette belle éclosion. Aussi peut-on l'appeler la *paroisse des martyrs*.

Sur tous les champs de bataille, elle était largement représentée. Le Vendéen, du reste, ne comprend pas les demi-sacrifices. Il se donne à Dieu corps et âme.

La Gaubretière, au début de la guerre, devint une oasis pleine de sécurité pour la religion et ses ministres. Pendant la Terreur, alors que les prêtres persécutés se voyaient obligés de fuir et de se cacher, trente-deux trouvèrent en même temps asile et sympathie dans cette religieuse paroisse.

Si la conduite du clergé vendéen fut noble et généreuse, à cette époque révolutionnaire ; celle des paroissiens de la Gaubretière ne le fut pas moins. La plume ne saurait exprimer tout ce que prêtres et fidèles eurent à souffrir par suite des persécutions de tout genre. Mais ils se soutenaient mutuellement par la plus cordiale fraternité et par le plus sublime dévouement.

Hélas! ils ne devaient pas profiter longtemps de cette paix relative dont ils jouissaient. Un déluge de sang allait tout submerger. Le 27 février 1794 fut pour la Gaubretière un jour de deuil.

Une colonne infernale s'abat, prompte comme la foudre, sur tous les points de la commune, à la fois. Les Bleus sans pitié, n'épargnaient aucun des habitants. Femmes, enfants, vieillards, tombent sous leurs coups.

On se bat à coups de sabre. Les échos effrayés répètent, dans le silence de la nuit, dans tous les quartiers de la commune, les cris de tant de malheureux égorgés.

Le farouche général Huché est à leur tête. Quelques prêtres se montrent et se dévouent pour encourager les innocentes victimes à bien mourir. On ne peut imaginer plus épouvantable carnage. Le feu est aux chaumières, le sang ruisselle de toutes parts.

Cinq cents cadavres sont jetés sur les chemins, privés de sépulture. Les miasmes qui s'en exhalent empoisonnent l'air bien vite, et les corbeaux viennent se repaître avec délices de la chair de ces cadavres humains.

Plusieurs semaines, ils restèrent la pâture de ces oiseaux de proie, puis, au bout de ce temps, les prêtres échappés à la mort, reprirent leur énergie et demeurèrent à la Gaubretière, afin de payer la dette de l'hospitalité.

Ils font appel à tous les bons vouloirs, et donnent enfin la sépulture à ces pauvres habitants morts pour le devoir et pour Dieu.

Une certaine pompe lugubre présidait à ces tristes convois. Les moins impressionnables ne tenaient plus compte de la vie, les autres sentaient le sang se glacer dans leurs veines.

Les gens de la Gaubretière étaient consternés ; mais s'ils survivaient à ce massacre, une foi plus profonde encore qu'auparavant survivait aussi dans leurs cœurs. Des missionnaires vinrent, au milieu d'une grange, que les flammes avaient épargnée, célébrer un service funèbre pour les chers trépassés tombés dans le grand massacre. Tous les paroissiens y assistaient avec cette sainte hardiesse qui caractérise la conscience paisible, sans craindre les dangers sans cesse renaissants auxquels ils s'exposaient, sans souci du drame terrible qui pouvait suivre.

La fête de Pâques approchait. Pâques! ce jour de joie et de réveil religieux où l'on renaît à l'espérance. Assurément, les cœurs étaient en deuil, les larmes avaient arrosé le sol rougi de sang, mais la Gaubretière veut encore, malgré tout, célébrer cette fête avec la pompe des anciens jours.

Coûte que coûte, il faut honorer le Christ ressuscité. Deux prêtres vendéens : MM. Séguin, chanoine d'Angers, et François Benéteau, vicaire à Tiffauges, invitent les survivants de la paroisse à cette cérémonie. Les paroisses voisines, la Verrie, St-Martin Lars, Bazoges-en-Paillers, etc., répondent aussi à cet appel et viennent se joindre aux pauvres affligés. Un autel improvisé est dressé dans l'enclos de la Châtaigneraie. Combien la foi est ardente, et comme les cœurs battent à l'unisson !

Avec autant de solennité que dans l'église paroissiale, le prêtre célèbre la sainte messe au milieu d'une assistance nombreuse. Nul ne pense aux dangers qu'il peut courir. On adresse des prières à Dieu, on chante comme dans les meilleurs jours. On a pris, du reste, des mesures de sécurité. Quelques jeunes gens forts et sûrs sont postés aux abords des chemins et y font bonne garde.

Le chant de l'*Alleluia* retentit avec enthousiasme dans le sanctuaire champêtre. La ferveur y est à son comble. Plus de douze cents hommes sont là, agenouillés dans la poussière, auprès du Dieu vainqueur de la mort. Tous les fronts s'inclinent devant l'auguste Majesté, pendant que d'une main, les braves tiennent leurs fusils chargés, prêts à se défendre, et que, de l'autre, ils égrènent leurs chapelets.

Un prêtre monte à l'autel, et la parole de Dieu comble d'une sainte joie ces âmes de bonne volonté, si avides de l'entendre. Tous l'écoutent avec un religieux respect.

Mais tout beau jour a une fin. Les heures heureuses sont hélas! les plus brèves. On se retire lentement, l'âme embaumée de ces pieux exercices. Cette journée de Pâques s'écoule rapidement, la fête est terminée !... On se sépare. Les soldats du Christ réconfortés ont repris des forces au banquet divin, prêts à de nouvelles épreuves. Leur foi, leur espérance, leur charité se sont avivées au contact de Jésus ressuscité. Ils font revivre leurs chers défunts, ils se consolent en songeant au revoir glorieux dans la béatitude céleste.

Ils verront aussi leur patrie si éprouvée, leur Vendée bien-aimée, secouer ce linceul sanglant, ils la verront renaître avec une nouvelle force, une nouvelle vigueur, pleine de jeunesse et d'avenir.

*
* *

Environ cent ans après, en 1888, la Gaubretière était soumise à une nouvelle épreuve, moins grande, sans doute, qu'à l'époque de la Terreur, mais douloureuse encore et navrante pour son esprit religieux.

L'admirable protestation qui se produisit alors prouve que la foi y vit encore dans toute son intensité. On ne peut se rappeler sans une profonde émotion, les scènes de désolation que fit naître, en cette commune, la laïcisation des écoles, la tristesse indicible des parents, leur résistance héroïque à livrer aux sans-Dieu l'âme de leurs chers enfants, et surtout l'énergie admirable de toutes les mères crêpant de deuil les maisons du bourg sans exception, et déclarant avec cris, larmes et menaces que jamais elles ne confieront leurs enfants à des écoles d'où on a banni le crucifix. Dignes descendantes de leurs aïeules de 93 !

Les hommes de la Gaubretière se montrèrent alors aussi courageux que leurs femmes, et si à celles-ci, ils ont laissé la parole, c'est qu'ils se réservaient pour l'action. Un seul fait le prouvera.

Comment transporter les matériaux nécessaires pour la construction des nouvelles écoles ? On est au moment des récoltes, c'est-à-dire à une époque où les habitants des campagnes travaillent de 3 ou 4 heures du matin à 9 ou 10 heures du soir, surtout, en l'année 1888, car les pluies continuelles exigeaient encore de plus grandes fatigues.

Il faut donc s'exposer à laisser les récoltes se détériorer, ou retarder les travaux de l'école. Ni l'un, ni l'autre. Le jour tout entier est pris, absorbé par les travaux des champs ; mais la nuit est libre. Les hommes de la Gaubretière prennent la nuit.

Ils sacrifient leur sommeil, leur repos, et pendant plusieurs semaines on les voit, ces braves qui, tout le long du jour, ont porté le poids de la chaleur et arrosé les sillons de leurs sueurs, on les voit, sur les chemins, employer la nuit entière, au charroi des matériaux nécessaires à la construction de l'école des Sœurs. Aussi, chaque matin, les ouvriers trouvent sous la main ce qu'il leur faut. Les classes furent bientôt prêtes, et *pas une élève* n'a quitté les religieuses.

Chrétiens de la Gaubretière ! l'impiété qui a égorgé vos ancêtres peut bien vous faire souffrir encore : elle ne prendra pas votre âme, ni celle de vos enfants.

Le sang glorieux des martyrs a fécondé cette terre si bien préparée. Ce sang si respectable et si pur préservera à jamais cette paroisse de la Gaubretière de la contagion du vice et de l'indifférence religieuse.

I

NOTRE-DAME DE ST-SULPICE.

MODESTE entre toutes, émergeant au milieu de la verdure et des fourrés du Bocage, la petite commune de St-Sulpice-le-Verdon (Vendée), qui compte environ 800 habitants, a un passé des plus intéressants.

Pendant les jours sinistres de la Révolution, placée au centre du pays insurgé, elle eut à souffrir des armées républicaines. Sillonnée dans tous les sens, elle vit plusieurs fois son territoire ravagé, et ses maisons détruites : assez longtemps cependant, elle put conserver son église. Mais un jour vint où le vieil édifice dut subir la loi commune.

Une de ces colonnes républicaines que l'on a si justement appelées *infernales*, à cause des horreurs qu'elles ont commises dans notre pays, ravageait depuis quelque temps la contrée, répandant partout sur son passage la dévastation et la mort.

Lorsqu'on apprit qu'elle allait arriver à St-Sulpice, la population, trop faible pour résister, car une grande partie de ses hommes valides se trouvaient à l'armée de Charette, s'empressa de se jeter dans les bois.

Ce fut les larmes aux yeux et la rage dans le cœur, que ces excellents chrétiens virent de leur retraite les flammes dévorer leur chère église.

Aussi, quand les tambours battant aux champs annoncèrent que la sinistre bande se disposait à s'éloigner, pour aller continuer ailleurs son œuvre de destruction, chacun s'empressa de sortir de sa cachette et de courir à l'église, pour voir s'il ne serait pas possible d'en sauver quelque chose.

A la vue de ces décombres fumants et de ces murs noircis, les cris et les sanglots éclatent de toutes parts, les flammes n'ont rien respecté, tout est détruit, tout, jusqu'à l'autel de la Vierge.

Sans plus tarder, tout le monde se met à l'œuvre, en vue de déblayer le cher édifice, dont le fanatisme révolutionnaire a fait un monceau de ruines.

O prodige ! Soudain, en cherchant là où auparavant se trouvait l'autel de la Vierge, voici qu'apparaît aux yeux de tous la pauvre statue de bois qui la surmontait. Les flammes l'ont respectée. Bien qu'elle se soit trouvée au milieu du brasier et que tout ait été consumé autour d'elle, elle est parfaitement intacte.

C'est le sacristain Pierre Favreau, du village de la Caillaudière, qui la retira du foyer éteint. Pendant toute la Révolution, il l'a tenue soigneusement cachée derrière un coffre. Ses petits-enfants l'attestent encore aujourd'hui.

Quand des jours meilleurs commencèrent à briller pour la Vendée, quand la France, débarrassée du gouvernement révolutionnaire, put enfin reprendre possession d'elle-même, St-Sulpice replaça avec bonheur dans son ancienne église, sa statue miraculeusement conservée. Elle occupait la place d'honneur derrière la croix du grand autel.

Chaque année, au jour de la Nativité, 8 septembre, elle est portée processionnellement à travers les rues du bourg, au milieu d'une grande affluence de population accourue des pays voisins.

Dans la nouvelle église, véritable bijou d'architecture romano-byzantine, la statue vénérée a été installée ces dernières années sur un pilier de pierre sculptée, qui fait face à la chaire.

Un diadème royal, emblème du pouvoir qu'elle a sur les

cœurs, ceint son front ; un manteau de velours rouge frangé d'or la recouvre : deux lampes de style gothique brûlent à ses pieds ; une plaque commémorative en marbre blanc fait mention du prodige de 1793 et demande une protection pour ceux qui, après cent ans, se retrouvent dans les mêmes circonstances critiques que leurs pères.

Nous lisons :

« Cette statue en bois, depuis longtemps vénérée dans la contrée, a été trouvée intacte au milieu des ruines de l'église de St-Sulpice, incendiée en 1793.

« Notre-Dame de Saint-Sulpice, tant aimée de nos pères, priez pour nous. »

L'image, œuvre de quelque naïf sculpteur du moyen-âge, représente une maternité. Le type n'a pas la raideur qui dépare trop souvent les statues de cette époque. Son expression est pleine de bonté et de pureté.

***

Nous sommes heureux de publier le cantique composé par M. l'abbé Geay, supérieur du petit séminaire des Sables d'Olonne, de sainte mémoire, à l'occasion de la cérémonie d'inauguration de la statue. (8 septembre 1888.)

Air : CATHOLIQUE ET FRANÇAIS TOUJOURS !

Refrain :

Notre-Dame de Saint-Sulpice,
Garde au cœur de tes fils la foi des anciens jours ;
Vers toi montent nos vœux, Mère, sois-nous propice.
O Marie, à notre secours !

Jadis sur notre cher Bocage
Partout s'étendait la terreur ;
Aux hommes de sang, de carnage,
Le démon soufflait sa fureur.

Le Vendéen pour sa patrie,
Pour son Dieu quitta son repos,
Et son amour, Vierge Marie,
De nos aïeux fit des héros.

Image antique et vénérée,
A tes pieds, le cœur plein d'amour,
Venaient les preux de la contrée
Prier à genoux chaque jour.

Lorsqu'ils partaient pour la bataille
Ta main planait pour les bénir,
Et jusqu'au sein de la mitraille
Ils emportaient ton souvenir.

Tu les sacrais pour le martyre,
Quand ils tombaient au champ d'honneur :
A tes preux tu semblais sourire,
Quand leur drapeau flottait vainqueur.

Hélas ! un jour, on vit les flammes
Dévorer le temple de Dieu,
Une angoisse étreignit les âmes :
« Plus d'image ! ô Marie, adieu ! »

C'en était trop... Le ciel se venge,
De rage on voit frémir les bleus ;
Soudain dans une horrible fange,
S'embourbent leurs chars belliqueux (¹).

Pendant que leur rage impuissante
Rugit en blasphémant les Cieux,
Du sein de la cendre fumante
Paraît un signe à tous les yeux.

C'est elle, l'image bénie !
La flamme en léchant ses contours,
Ne l'a rien qu'à peine brunie,
Mais intacte elle est là toujours !

---

1. Dans le chemin qui longe aujourd'hui le cimetière. Et pourtant ce chemin extérieurement paraissait sec et praticable. Cette sorte d'enlizement a toujours été regardée comme une punition du ciel. (*Traditions de St-Sulpice-le-Verdon.*)

Du bruit de la grande merveille
Tous les échos ont tressailli ;
Des cœurs où la foi se réveille
La reconnaissance a jailli.

Dans un humble et saint édifice,
Rendue aux vœux de ses enfants,
Notre-Dame de Saint-Sulpice
Reçut et leurs cœurs et leurs chants.

Ce temple détruit par les âges,
Un autre s'éleva plus beau,
Et pour recevoir nos hommages,
Marie eut un trône nouveau.

Le manteau royal, la couronne,
Dons généreux de nobles cœurs,
Veulent, en ornant la Madone,
Du ciel imiter les splendeurs.

Pour nous renaît encor la crise,
De la lutte l'heure a sonné,
C'est contre la France et l'Église
Que tout l'enfer s'est déchaîné.

Lorsque Satan rugit, ô Mère,
Nous prions comme nos aïeux :
Combats pour nous ; de sa colère
Tombera l'élan furieux.

Sur nos têtes gronde l'orage,
Prêt à foudroyer ses enfants :
Mais à tes pieds, bravant sa rage,
S'endorment ceux que tu défends.

II

NOTRE-DAME-DE-TOUTES-AIDES A NANTES.

En 1795, au sortir des jours néfastes de la Terreur, une tentative sacrilège eut lieu sur la statue de Notre-Dame-de-Toutes-Aides, si chère aux Nantais, depuis des siècles, et vénérée par toutes les populations d'alentour, et même des paroisses de notre Vendée, limitrophes de la Loire-Inférieure. Mais cette tentative tourna contre les auteurs, et dans des circonstances qui firent éclater la puissance de Marie.

M. l'abbé Cahour, chanoine honoraire de la cathédrale de Nantes, se fit raconter l'histoire de cette conservation qu'on pourrait qualifier de miraculeuse, par la fille du sacristain d'alors, témoin oculaire du fait.

Elle habitait au bout de la Ville en Pierre, en face la chapelle, et à l'angle du jardin des Frères de Toutes-Aides. Elle vivait là avec son père et se nommait Neveu.

Un dimanche soir, raconta-t-elle, elle vit venir quatre soldats, qu'on appelait des Bleus. Ils montaient la garde près des bateaux de la Loire, pour empêcher les Vendéens de passer de la rive du Midi à celle du Nord. Ces quatre hommes, armés de fusils et de haches, et bien déterminés, avaient méchante allure.

Ils entrèrent chez nous comme chez eux, brutalisant mon père parce qu'en ce moment, il n'était pas occupé à son travail ordinaire, jurant, tempêtant, et menaçant même de le fusiller s'il ne leur remettait pas les clefs de la chapelle. Nous étions morts de peur, et mon pauvre père donna les clefs, car il s'agissait pour lui d'une question de vie ou de mort.

Ils venaient d'entrer depuis quelques instants seulement par la petite porte en face de notre demeure, quand nous entendîmes des coups, un tapage épouvantable dans la chapelle. Nous étions affreusement inquiets.

« Va donc voir, me dit mon père, ce que font ces bandits. Je n'ose y aller moi-même, ils me tueraient sans doute. A toi, ils ne feront pas de mal ; ils ne se méfieront pas d'une enfant... »

J'obéis tremblante et effrayée ; mais avant d'ouvrir la porte, je regarde d'abord par le trou de la serrure. Deux autels étaient déjà brisés. J'en fus si épouvantée qu'avant de regarder davantage, je revins vite le dire à mon père. Les Bleus avaient commencé à démolir la balustrade.

Mon pauvre père, profondément attristé, s'écriait avec des sanglots dans la voix. « Mon Dieu ! sauvez la chapelle, sauvez la statue de Notre bonne Mère ! » Puis il me renvoya de nouveau à la grande porte.

« Prends ton tricot, me dit-il, fais semblant de travailler et renseigne-moi bien sur tout ce qu'ils font. »

Hélas ! les misérables mettaient en pièces le grand autel et le tabernacle. Les décombres jonchaient le sanctuaire. Après avoir tout saccagé, ils regardèrent la statue d'un air de défi et d'impiété, et la menaçaient du poing, jurant de colère de ne pouvoir l'atteindre.

Ils n'avaient pas bien calculé. Dans leur fureur insensée, et en détruisant l'autel, ils s'étaient enlevé à eux-mêmes le moyen d'arriver jusqu'à la statue, car elle était très élevée. Un d'eux sortit pour aller chercher une échelle ; il l'appliqua au mur, et monta bravement, sa hache sur l'épaule. Les autres l'encourageaient, l'approuvaient et lui indiquaient le moyen le plus facile d'y arriver.

Mais la Mère de Dieu le voyait venir. A peine fut-il parvenu aux deux tiers de l'échelle qu'un barreau se brisa sous ses pieds. Le Bleu tomba à la renverse avec la hache en poussant un cri affreux. Tous blasphémaient, hurlaient comme des damnés, et je me sauvai bien vite chez moi plus morte que vive.

J'y arrivais à peine, et je n'avais encore pu rien raconter, que déjà les trois camarades du blessé apportaient à la maison leur criminel compagnon. Ils le posèrent sur le lit de mon père, qui, malgré leur exécrable forfait, fit tout son possible pour leur venir en aide. Le Bleu portait une large blessure à la tête. On le lava, on pansa sa plaie, mais lui, ne pouvait ni parler, ni remuer. Ils le transportèrent sur un brancard et une couchette prêtés par mon père, dans le bateau où ils montaient la garde. Nous ne les revîmes plus. Quelques jours après, on apprit la mort de cet impie et de ce sacrilège.

Mais la statue heureusement était sauvée. Tout le monde dans cet événement si douloureusement tragique, reconnut le doigt de Dieu et la protection évidente de Marie, défendant elle-même sa statue et châtiant les profanateurs audacieux.

Depuis, ni Bleu, ni autre ne revint tenter d'achever cette triste besogne. Les Nantais et les Vendéens, leurs voisins, pèlerins, eux aussi de la Vierge Marie, remercièrent Dieu publiquement d'avoir protégé la statue vénérée de Notre-Dame-de-Toutes-Aides.

III

LA VIERGE MIRACULEUSE
DE SAINT-ANDRÉ A MIREBEAU-DU-POITOU.

SUR une colline du Poitou dominant de vastes plaines qui confinent à la partie bocageuse des Deux-Sèvres, s'étagent les blanches maisons d'une petite ville aux fortifications démantelées.

Importante au moyen âge, elle a perdu ses privilèges à l'époque de la Révolution ; mais elle a conservé, au milieu de souvenirs historiques qui s'effacent de plus en plus, le culte de la Vierge miraculeuse dont elle est l'heureuse dépositaire, depuis plus de six cents ans.

Au commencement du XIIIe siècle, en effet, un Religieux Bénédictin de l'antique Prieuré de Saint-André de Mirebeau, fondé en 1052 par l'abbé de Bourgueil, Raymond (¹), conçut le

---

1. La charte de fondation du prieuré de Saint-André porte en effet qu'en 1052 Raymond, abbé de Bourgueil, et un de ses moines, Hugo, achetèrent d'Isambert II, évêque de Poitiers, et de son clergé, huit arpents de terre nécessaire à la construction d'une église avec son cloître, d'une maison d'habitation et d'un cimetière

pieux dessein de présenter à la vénération des fidèles une statue de la Vierge-Mère, assise et portant son divin Enfant. Peut-être l'avait-il contemplée ainsi dans ses oraisons ferventes, pour fixer son idéal immaculé dans un impérissable chef-d'œuvre. Sculptée avec un art délicat, cette statue byzantine est marquée d'un inimitable cachet de douce pureté, d'expression céleste et suave, et son regard révèle un double sentiment : tristesse profonde en considérant l'avenir lointain dans lequel il semble se plonger ; joie sans mélange, répondant à la tendresse filiale de l'Enfant Jésus ([1]).

La Madone de Saint-André reçut longtemps les seuls hommages des moines du Prieuré, et la tradition rapporte « qu'une solennité sans égale inaugura le culte de l'image bénie, au chant des psaumes et du *Salve Regina* ».

Trois siècles s'écoulèrent, et des bruits de combats troublant la solitude du Prieuré, les moines, aidés par de vieux paroissiens, voulurent soustraire au vandalisme des protestants la statue vénérée. Ceux qui accomplirent cet acte de dévotion envers la Vierge périrent dans la tourmente, emportant le secret du lieu où ils avaient déposé le précieux trésor de leur paroisse.

Les fils de saint Benoît, dispersés par les guerres de religion, avaient abandonné le Prieuré de Saint-André, et s'étaient réfugiés à l'abbaye de Bourgueil, leur centre et leur berceau.

L'enceinte fortifiée de Mirebeau avait subi un siège demeuré célèbre, et ses vieilles murailles portent encore les traces de sa glorieuse résistance aux attaques des soldats de Coligny.

« juxta castrum Mirabelli ». En 1055, Guillaume le Grand, comte de Poitou, confirma la charte de fondation du prieuré de Saint-André de Mirebeau qu'avait déjà signée le comte d'Anjou, Foulques Nerra. (*Apud* Acher., *Spicil.*, t. I.)

1. « Cette vénérée statue, est en cœur de noyer, bois très abondant dans le Mirebalais. Elle mesure, assise, 1 mètre 15 de haut. Par sa beauté et la suavité de sa physionomie, elle excite l'admiration du connaisseur, en même temps qu'elle provoque la piété et la confiance du chrétien.

Les huguenots occupèrent la cité durant dix mois et la livrèrent au pillage, mettant tout à feu et à sang.

La tempête s'apaisa, et le souvenir de l'antique statue restait vivant ; mais toutes les recherches n'aboutissaient à aucun résultat, quand, après plus d'un siècle, elle fut retrouvée dans un ancien camp des archers français, par un laboureur, Pelletier dit *Belandré*, dont le soc de la charrue, engagé dans l'un des anneaux de la cloche, rencontrait une invincible résistance: la cloche de la paroisse, véritable cuirasse d'airain, recouvrait la Madone de Saint-André, miraculeusement préservée de toute altération. La place où reposa si longtemps la Vierge vénérée reste marquée, terre inculte au milieu d'un champ fertile, non loin des remparts et du vieux Prieuré de Saint-André (¹).

Grand dut être l'enthousiasme de la population mirebalaise en voyant enfin ses recherches et ses prières ardentes couronnées de succès.

La tradition veut que les chanoines de la collégiale de Notre-Dame obtinrent du prévôt l'autorisation de transporter la statue retrouvée dans leur église principale, prétextant qu'elle était dédiée à Notre-Dame.

Mais, ô merveille, le lendemain, de grand matin, un joyeux carillon tombant du beffroi de l'église du Prieuré, annonçait à la population stupéfaite que la statue était d'elle-même revenue pendant la nuit à la place qu'elle occupait autrefois à l'église Saint-André.

Pourquoi ce choix spécial d'un sanctuaire dédié à saint

---

1. Tout ceci se passait sûrement avant l'an 1693, car un vieux parchemin daté de cette même année et possédé par M. l'abbé Chabauty porte 16 sols de dépenses pour le dîner servi aux prêtres qui avaient porté en procession la statue.

Sur ce même parchemin figure une ordonnance faite le 23 février 1693 et publiée le 11 mars suivant par Ragonneau, maire perpétuel de Mirebeau. Elle dit que les habitants doivent : « tenir les rues nettes, particulièrement celles où on passe le Saint-Sacrement le jour de la Fête-Dieu, et l'image de la sainte Vierge. »

André ? N'est-ce pas parce que, seul parmi les Apôtres, il a proclamé, affirmé dans ses écrits l'Immaculée Conception de la divine Vierge ? généreuse récompense de ce premier acte de foi au plus glorieux privilège de Marie !

Quoi qu'il en soit, depuis cette époque, la précieuse Madone reçut de toute la contrée des hommages auxquels elle se plut à répondre par des faveurs nombreuses et signalées.

En 1793, la statue échappa par miracle à une seconde destruction, alors qu'un prêtre assermenté avait donné l'ordre à des ouvriers fabriquant du salpêtre, de la jeter dans le fourneau, le bois manquant, et cela au centre même de l'église paroissiale de Saint-André. Ces hommes, chez qui, grâce aux premiers principes d'une éducation chrétienne, le sens religieux n'était pas complètement détruit, refusèrent d'accomplir cet ordre sacrilège et jetèrent la statue par-dessus un mur voisin ; n'ayant entendu aucun bruit, ils s'enfuirent saisis de frayeur.

Le lendemain matin, le propriétaire de la cour trouva la Vierge miraculeuse sur une meule de balles de blé provenant de gerbes battues la veille ; il la porta dans sa maison, la cachant dans ces balles. Craignant quelque dénonciation auprès du Comité révolutionnaire, il la transporta durant la nuit chez une pieuse femme de la paroisse qui avait fait pratiquer dans un appartement solitaire de sa demeure, rue Saint-Christophe, une excavation habilement dissimulée où la chère statue échappa maintes fois aux perquisitions impies.

Plus d'une fois aussi, les fidèles, groupés à ses pieds pour la prière, virent son visage empreint de tristesse profonde et baigné de larmes ; de plus, le voile qui la recouvrait fut souvent trouvé imprégné de ces larmes, qui l'ont transformée en relique. N'était-ce pas comme le témoignage vivant de la douleur de Marie partageant le deuil de l'Église de France ?

Au jour de la réouverture des églises, les paroisses de Notre-Dame et de Saint-André furent maintenues ; celles de Saint-Hilaire, de Saint-Pierre et de la Madeleine furent supprimées.

La Vierge reprit triomphalement place sur son autel, avec le doux sourire dont elle accompagne encore les grâces qu'elle obtient pour ses serviteurs. La ville reconnaissante voulut contribuer à l'offrande d'un riche diadème, qui fut déposé sur son front, au nom de Mgr l'Évêque de Poitiers, le 11 mai 1893, jour de la fête de l'Ascension ([1]).

Chaque année, de temps immémorial, aux fêtes solennelles de l'Ascension et de l'Assomption, portée par les jeunes filles de la paroisse vêtues de blanc et qui ont conservé l'antique costume local, la Madone bien-aimée se rend à la collégiale de Notre-Dame, devenue splendide église gothique par les soins de M. l'abbé Marsault, de pieuse mémoire.

Lorsqu'elle parcourt, Reine bienfaisante et prodigue, les rues de la ville et les chemins rustiques avoisinant le Prieuré, ses mains virginales versent à flots sur les récoltes prochaines, comme dans les âmes des fidèles, la fertilité, la richesse, la rosée de la terre et celle du Ciel. Aussi, les prémices de ces dons lui sont généreusement offerts ; épis naissants ou fruits vermeils, fleurs des champs ou roses des parterres, forment à

---

1. La cérémonie de ce couronnement, dont le curé de Saint-André, M. l'abbé Amiault, fut le pieux promoteur, eut le plus vif et le plus touchant éclat. Après l'imposition de deux riches couronnes sur la tête de Marie et sur celle de l'Enfant Jésus, une magnifique procession, à laquelle assista la presque totalité des habitants, parcourut triomphalement la ville et, après une halte à l'église Notre-Dame, rentra dans celle de Saint-André, où fut chanté un Salut solennel.

A l'offrande des diadèmes était venue se joindre celle d'un superbe manteau dû à la pieuse générosité d'une reconnaissance admiratrice de cette Vierge miraculeuse. Ce manteau, de satin blanc avec broderies en or fin, est un chef-d'œuvre de délicatesse et d'art, sorti des ateliers des Sœurs de la Sagesse de Larnay.

Une cantate composée par M. l'abbé Amiault et mise en musique par un maître en l'art, M. l'abbé Gerbier, aujourd'hui curé d'Usson, fut chantée avec enthousiasme pour la cérémonie du couronnement.

son autel privilégié la plus touchante parure, dîme de la reconnaissance à la plus libérale des Souveraines.

Protectrice des jeunes mères, qui lui consacrent leurs enfants, au jour où ils dépouillent les langes du premier âge, elle est invoquée toujours, et elle exauce plus d'une fois la prière qu'on lui adresse.

O Vierge miraculeuse de Saint-André, rendez Jésus aux âmes des enfants !

> Bénissant les berceaux, votre main gracieuse
> Embaume la douleur au pied de votre autel ;
> A l'heure de la mort, Vierge miraculeuse,
> Montrez-vous à nos yeux dans les parvis du ciel (¹) !

IV

NOTRE-DAME DU CHÊNE.

Dès la fin de 1792, un arrêté du conseil général du département de la Sarthe ordonna de fermer tous les oratoires qui existaient en dehors des églises paroissiales, déjà envahies par le schisme.

A cette nouvelle, la population du territoire de Sablé s'émut vivement pour le sanctuaire du Chêne, et les administrateurs du district adressèrent au conseil général la lettre suivante :

Sablé, 14 février 1793.

« Il existe dans ce district, au milieu d'une lande, une chapelle dédiée à la Sainte Vierge, sous la dénomination de Notre-Dame du Chêne. Dans tous les temps, elle a été en la plus grande vénération chez le peuple ; et aujourd'hui encore les meilleurs patriotes ont pour elle le plus grand respect. Nous craignons de contrarier, et même de révolter une multitude de zélés protecteurs de la Révolution, en faisant démolir cette chapelle qui, tous les jours, est l'objet de leurs dévotions. Les curés demandent eux-mêmes sa conservation, et offrent d'avoir

1. *Semaine religieuse de Poitiers*, 1901.

chacun une clef, afin de satisfaire les citoyens qui, chaque semaine, demandent des messes devant cette sainte. Cette précaution obvierait à tout inconvénient ; et la chapelle ne serait ouverte que pour les prêtres constitutionnels. Nous vous prions de peser cette demande dans votre sagesse, et de nous faire part de votre délibération. »

« Les administrateurs du district de Sablé. »

Cette démarche honore ceux qui la firent ; mais elle ne pouvait obtenir le résultat désiré. La chapelle fut vendue, sur la fin de 1793, à un couvreur de Sablé nommé Lefèvre, et à la condition qu'elle serait entièrement démolie.

L'argenterie et les vases sacrés furent saisis par le district de Sablé; et le 11 prairial an VI de la République (30 mai 1798), les derniers meubles qui pouvaient rester dans la chapelle furent adjugés, pour la modique somme de 79 francs, 18 centimes.

Cependant la Mère des miséricordes avait, dès le commencement, donné des signes certains qu'elle n'abandonnait pas encore les populations ingrates, qui reniaient le culte de son Fils. Elle inspira d'abord à M. Le Bailleul, maire de Vion (1), le dessein de soustraire la statue miraculeuse aux profanations de l'impiété. Ce respectable magistrat prévint le moment où les démagogues allaient être à même d'exercer, en toute liberté, leur fureur impie. Étant venu se réfugier dans la ville de Sablé, il y apporta son précieux dépôt, et le conserva avec un religieux respect dans sa maison, au faubourg Saint-Nicolas.

Par un signe dont tout le monde a conservé le souvenir dans le pays, la Mère de Dieu fit paraître qu'elle couvrait encore de sa protection son sanctuaire du Chêne.

Lorsque Lefèvre vint pour accomplir la démolition de la chapelle, il conduisit plusieurs ouvriers qui devaient l'aider ;

---

1. La Chapelle du Chêne dépend de la commune de Vion.

mais il se réserva de commencer, et monta aussitôt sur le toit. A peine avait-il frappé les premiers coups, qu'il tomba à terre et se cassa le fémur. Ce malheureux reconnut la main de Dieu qui le frappait, et dit au moment même de sa chute : « D'autres y monteront, s'ils veulent, pour moi, je vois bien qu'on a raison de croire qu'il se passe ici des choses extraordinaires. »

Lefèvre est mort à Sablé, vers 1840, dans la persuasion que

NOTRE-DAME DU CHÊNE.

sa chute avait été causée par une puissance surhumaine. Ce fut aussi la conviction de tous ceux qui furent témoins de l'accident, et personne n'osa recommencer la démolition de la sainte chapelle.

René Godelier, archiprêtre de la Flèche et curé de Vion avant la Révolution, dut se réfugier en Angleterre, ne pouvant obéir aux décrets schismatiques de l'Assemblée constituante.

Un jour qu'il voyageait sur mer, il s'éleva une si furieuse tempête que l'équipage se crut sur le point de périr. Tous les passagers catholiques imploraient le secours de Celle que l'Église invoque sous le nom d'Étoile de la mer, et faisaient des vœux aux sanctuaires de Marie qu'ils pouvaient connaître.

L'exilé français se recommandait avec ferveur à Notre-Dame du Chêne, et cependant il ressentait, au fond de l'âme, une profonde tristesse ; car il était persuadé que l'image miraculeuse avait été détruite et son sanctuaire renversé.

Marie eut pitié de son serviteur. Elle lui apparut au milieu de la tempête sous les traits de l'image de Notre-Dame du Chêne, et daigna aussi lui adresser ces paroles : « Ne crains rien, tu me reverras encore. » Cette annonce versa aussitôt la confiance et la paix dans l'âme du confesseur de la foi, et elle ne tarda pas beaucoup à se vérifier.

Aussitôt que le calme eut été rendu à l'Église, les populations s'empressèrent de venir porter leurs vœux à la chapelle de Notre-Dame du Chêne. Elle était devenue la propriété de Jean Dolbeau ; car Lefèvre après le malheur dont il avait été frappé, s'était s'empressé de la vendre. Dolbeau se rendit volontiers aux désirs des fidèles.

M. Le Bailleul, qui n'avait conservé la sainte image que pour la soustraire aux profanations de l'impiété, la rapporta avec respect dans son sanctuaire. Après huit années de désolation, Notre-Dame du Chêne reprit sa gloire déjà plus de trois fois séculaire (1).

---

1. D'après dom Piolin, *La Miraculeuse Chapelle de Notre-Dame du Chêne.*

LE PETIT JACQUES
OU LA PREMIÈRE COMMUNION EN BLOUSE ET EN SABOTS.
— (RÉCIT AUTHENTIQUE.) —

Voulez-vous que je vous raconte maintenant l'histoire de mon petit Jacques, né à Montaigu, où il est resté quatre ans environ ? Elle a son intérêt navrant par notre temps d'impiété et d'alcoolisme.

Il avait sept ans quand il perdit sa mère, une bonne femme du peuple qui avait gardé sa foi vendéenne, au milieu de la licence d'un des plus mauvais quartiers nantais.

Mariée à un ouvrier de fabrique débauché et ivrogne, qui s'appelait Aubin, la malheureuse ne connaissait guère le jour de paye que par les mauvais traitements qu'elle recevait, le lundi soir, après deux journées d'orgie de son mari.

. Aubin n'était pas absolument méchant, mais les excitations, les compagnies, les clubs, l'alcool faisaient de lui, lorsqu'il était ivre, une bête féroce.

Quand il rentrait, en titubant, dans la nuit, il trouvait toujours sa femme qui veillait en l'attendant, travaillant pour le ménage, raccommodant les vêtements de l'ouvrier ou du bambin, les yeux rouges.

Elle ne pouvait dissimuler qu'elle avait pleuré, cependant elle avait pris le parti de ne rien dire. Pas un reproche, pas un mot. On lui avait dit : « Ne raisonnez jamais un homme ivre, attendez le lendemain. » Mais, en attendant, elle se fondait en larmes.

Ces yeux rouges, ce silence même exaspérait Aubin.

« Eh bien, on a encore *chigné*, ce soir, criait-il d'une voix enrouée, rendue rauque par l'alcool. J'entends, moi, qu'on soit gai à la maison, quand je rentre, sinon, j'y mettrai ordre. »

Si elle se taisait :

« Eh bien ! on ne répond pas ! on me méprise ! Madame fait la fière. Je l'enverrai, moi, faire la fière dehors ! »

Si elle hasardait une parole, elle avait beau la couler en douceur, invariablement cela amenait un éclat. Aubin, qui n'attendait qu'un prétexte, jurait par tous les tonnerres du ciel et par tous les diables de l'enfer, prononçant des blasphèmes abominables, et quelquefois se ruant sur sa femme avec une furie de fauve.

Le lendemain, les voisins qui avaient entendu la scène, la remettaient un peu, l'encourageaient.

« Il n'est pas méchant, votre mari. Ce n'est pas lui qui parle, c'est l'eau-de-vie. »

De fait il était honteux de tout ce vacarne, et souvent même ne se rappelait rien de ce qui s'était passé.

Elle lui faisait alors des remontrances aigres-douces.

« Laisse-moi, femme, lui disait-il quelquefois. Je sais bien que je suis un malheureux, mais c'est plus fort que moi. Et puis ce sont les *camaros* qui m'entraînent. »

Un enfant lui était venu après un an de mariage, quand Aubin était encore rangé, qu'il ne s'était pas laissé gagner par les mauvaises compagnies. Le petit Jacques, c'était la grande consolation de la mère, surtout les jours d'orage, quand Aubin revenait après avoir bu on ne sait combien de petits verres. L'enfant alors se serrait tout effrayé contre sa mère, comme s'il eût imploré une protection contre le génie du mal, représenté par son père.

A mesure qu'il grandissait, il s'attacha de plus en plus à celle qui était si bonne pour lui, la seule étoile qui régnât dans son ciel d'enfant, attristé et plein de tempêtes.

Un soir, Aubin, plus aviné que de coutume, après avoir

brisé les assiettes de la table et renversé les meubles, se leva
en chancelant et incapable de frapper sa femme parce qu'il ne
tenait plus debout, lui cria ou plutôt hurla dans la pauvre
chambre :

« Va-t'en ! va-t'en ! et que je ne te voie plus ! »

Elle se dirigea vers la porte.

L'enfant, qui était au coin du foyer, effaré et sanglotant,
bondit soudain vers sa mère, et lui dit :

« Maman, je veux m'en aller avec toi ! »

Elle resta debout, un instant, dans l'embrasure de la porte,
tenant le petit Jacques par la main. Cette attitude, cette parole
de l'enfant avait soudain dégrisé Aubin, qui se jeta sur une
chaise et se tut, achevant de dissiper les dernières fumées
méchantes de l'alcool.

Mais la pauvre femme ne résista point à tant d'émotion. On
la vit bientôt s'amaigrir, ses traits se faner; des rides profondes
se creusèrent autour de ses yeux noirs et brillants, démesu-
rément grandis. La phtisie qui la guettait, la saisit et immola
sa victime au cours du prochain automne.

Avant de mourir, les jours qui précédèrent, elle ne cessa de
regarder son enfant, elle lui causait à voix entrecoupée,
lui adressant les plus tendres et les plus navrantes recommandations.

« Mon Jacques, quand je ne serai plus tu seras bien sage.

— Oui, maman.

— Tu feras bien ta prière, tous les jours, pour ta maman
qui sera partie.

— Maman, je veux partir avec toi, dis ! »

Ah ! si elle avait pu l'emmener avec elle ! Que deviendrait-
il seul avec son père, dans les compagnies des rues où on le
laisserait traîner !

« Mon Dieu ! fit-elle, je vous recommande mon enfant...
O Marie, vous avez été mère, vous savez combien c'est proche

un enfant, on aime ces petites créatures-là ! Vous serez la mère de mon Jacques ! O bienheureux *Père de Montfort*, que j'ai si souvent invoqué, conservez-lui la foi de sa mère !... »

Quelques heures après elle mourut.

***

« Eh bien ! tu vas l'envoyer à la laïque, ton gosse, dirent à Aubin les *socios.* On en prendra soin, il aura sa petite soupe, à midi, et puis tout le fourniment. Ta bigote de femme en aurait fait rien qui vaille, un calotin, un cagot. Et ces gens-là n'en faut plus ! Au diable maintenant toutes les momeries ! »

Aubin n'aimait pas qu'on lui dît du mal de la pauvre défunte. Après sa mort, il devint même quelque temps sérieux et digne; les camarades, respectant sa douleur, le laissaient rentrer chez lui, sans trop l'arrêter au cabaret.

« C'est bien, pensaient-ils, nous le ressaisirons toujours. Celui-là, avec un petit verre, on lui ferait faire le tour de Nantes. »

Les soirées étaient tristes et longues, des soirées d'hiver, pleines de brume où, dans leur chambre noire, une maigre bougie trouait juste assez de ténèbres pour qu'on pût se voir.

Le père songeait à sa femme. Quand elle vivait, tout était si propre, avec un air d'aisance, et quelquefois, les jours de fêtes, une nappe blanche sur la table. Et penser qu'il lui avait fait tant de peine à la chère bonne créature du bon Dieu, qui valait son pesant d'or ! Ah ! si elle était encore ici, on pourrait goûter quelques bonnes heures tranquilles en s'aimant bien !

Puis le souvenir lui revint de cette soirée fatale où il lui avait dit : « Va-t'en ! va-t'en ! Que je ne te voie plus ! » Il entendait encore la voix pleine de larmes de l'enfant se jetant au cou de sa mère, la prenant résolument par la main en disant : « Maman, je veux m'en aller avec toi ! »

C'est ce jour-là qu'il l'avait tuée !

Quelle bête brute que l'homme, quand il s'est constitué hors d'état d'écouter sa raison, quand il s'est mis le feu dans l'estomac, dans les veines, dans la tête, et qu'il ne sait plus ce qu'il dit, ni ce qu'il fait ! C'est alors que la colère vous saisit : on jure, on frappe, on tue sa femme !

Oui, il l'avait tuée ! La justice humaine ne punit pas ces meurtres-là ; ce sont tout de même des meurtres, et il y a ici, au cœur, quelque chose qui vous le dit, qui vous le reproche.

Et il y avait aussi là quelqu'un, à côté de lui, quelqu'un qui, de temps en temps, le regardait comme un juge regarde un coupable.

Les yeux de son fils le gênaient, il y croyait lire du mépris, de l'horreur, sa condamnation.

« Non, jamais, se dit-il, je ne recommencerai pareille orgie ! Je ne veux pas que mon fils méprise son père. Il grandira et il oubliera. Dans quinze ans d'ici, ces scènes d'autrefois lui apparaîtront comme un mauvais rêve. Je serai si bon pour lui, si rangé qu'il croira que ce n'est pas arrivé. »

*
* *

Belles résolutions qui durèrent deux mois.

Jacques a onze ans. Son père l'a placé à l'école laïque, où l'enfant a appris beaucoup de bonnes notions utiles sur le commerce, qu'il n'exercera jamais, les fractions dont il n'aura pas à se servir, les racines cubiques qu'il n'aura pas à extraire, les capitaux qu'il ne saura point acquérir, qu'il n'aura pas à placer.

De principes de conduite, point.

Le père, son court deuil porté, est allé rejoindre les camarades, s'est remis à fréquenter les cabarets et les clubs. N'ayant plus à côté de lui la douce influence de sa femme chrétienne, il s'enivre de doctrines socialistes et d'impiété, tout autant que d'eau-de-vie.

« Eh bien ! lui dit un soir le compagnon Libertad, — un de ces étrangers qui viennent, en France, faire la loi aux Français, — il grandit, ton gosse ! Dommage que tu l'aies fait baptiser, — ç'a été une de tes faiblesses pour ta bigote de femme. Nous l'aurions baptisé avec du vin et du *chien*, nous autres, et on aurait fait grande ripaille. Mais ce qui est fait, est fait. On en fera un petit louveteau, hein, Aubin ! »

Aubin ne répondit pas.

« Allons, garçon, une absinthe ! »

Le malheureux se laissa verser trois rasades de suite. A mesure, ses yeux se rapetissaient, lançant des éclairs méchants. Le compagnon Libertad connaissait bien ces yeux-là.

« Tu sais, Aubin, on m'a dit que ton gosse allait faire ce qu'ils appellent la première communion ! Tu ne feras pas ça ! Tu ne te prêteras pas à ces simagrées-là !

— Moi, jamais de la vie ! Qui a pu inventer une bourde pareille ? Je le jure par tous les millions de diables, s'il y en a !

— Ça m'étonnait fort. Je sais qu'Aubin a du caractère, et que ces grimaces-là lui répugnent... Garçon, encore une absinthe ! »

Ces absinthes, c'était toujours Aubin qui les payait, mais le compagnon Libertad exerçait sur lui comme une influence magnétique. Il revint chez lui en titubant, comme d'ordinaire, après ces multiples rasades, et on l'entendait jeter au vent dans les rues, des paroles impies, incohérentes, que les passants ne comprenaient pas.

« Première communion !... Compagnon veut pas !... Mais louveteau ! louveteau !... grande ripaille !... »

Les enfants du quartier le suivaient en criant : « Louveteau ! louveteau ! » sans savoir ce qu'ils disaient, et désormais ils ne l'appelaient plus que le père Louveteau !

***

« Tu sais, Jacques, ne me parle jamais de faire ta première communion. J'ai pas le moyen de m'acheter tout le
fourniment qu'exigent les curés pour ça. — Et puis, je ne veux
pas, c'est bien entendu ! »

Cette bizarre défense, Jacques ne se l'expliquait pas. Qui
lui avait dit, au père, qu'il voulût faire sa première communion ?

Car c'est vrai, comment cela se faisait-il, lui-même l'ignorait,
mais il y songeait.

Du matin jusqu'au soir, il était abandonné à lui-même. A
l'école laïque, il travaillait bien et avait atteint facilement le
premier rang. Ses camarades l'aimaient, malgré ses vêtements
en loques mal rapetassés, sordides. Sous ces haillons battaient
dans un cœur d'or, — le cœur de sa mère, — des sentiments
élevés. Un de ses maîtres disait : « Où le mérite va-t-il se
nicher ? »

Mais de Dieu, de ses devoirs, il ne savait rien que ce qui
est enseigné par la morale civique. Tout incomplète et faussée
qu'elle est, cette morale civique lui avait révélé des horizons
qui l'avaient charmé. L'on a beau faire, on ne peut pas en
ôter toute notion honnête : le bien tient à notre nature par
des liens indestructibles, des principes indéracinables.

Jacques avait pour ami et pour rival Charles, un fils d'ouvrier comme lui, qui devait faire, cette année-là, sa première
communion. Charles était un enfant espiègle, vif, mais sincèrement bon.

« Pourquoi ne viens-tu pas au catéchisme ? lui dit-il.

— Pourquoi faire ?

— Mais pour faire ta première communion, comme moi,
comme tous nos camarades.

— Mon père me l'a défendu.

— Tu ne le lui diras pas.

— Oui, mais s'il le savait, je serais battu !

— Tiens ! est-ce qu'on n'est pas libre de faire ce qu'on veut. Papa appelle cela la liberté de conscience. Et puis, ton père n'en saura rien. Viens.

— Mais on ne voudra pas de moi.

— Viens ! Je m'en charge. »

Ce petit Charles avait, comme on dit, le diable au corps. Quand il s'était mis quelque chose dans la cervelle, défense à quiconque de l'en ôter. Or, il s'était dit : « Jacques fera sa première communion avec moi, et même il sera mon camarade. Camarade à l'école, camarade à l'église ! »

Il s'en vint en tapinois chercher le vicaire qui lui faisait le catéchisme, et lui conta le cas de son ami. Le vicaire l'embrassa :

« Amène-le au catéchisme, dit-il, et ne disons rien. »

Quand Jacques entendit les premières leçons chrétiennes, il était tout ravi. Ce n'étaient cependant pas pour lui des choses nouvelles, car cela lui produisait une impression de *déjà vu* qui le surprenait. Où avait-il appris ces choses-là ? Car il les avait entendues quelque part.

Pauvre enfant, il les avait entendues tomber des lèvres de sa mère ! et les mystères, le petit Jésus dans sa crèche, le nom de la Vierge Marie, les prières même qu'on récitait, c'était pour lui comme une musique délicieuse, qui avait résonné jadis autour de son berceau, et dont il retrouvait les airs.

Et puis, toutes les vérités chrétiennes éveillaient un écho dans sa conscience d'enfant, restée droite et pure.

*
* *

Quand Aubin apprit par hasard trois mois après que son fils allait au catéchisme, il entra dans une fureur de démon. — Qu'est-ce que diraient les compagnons ? — Lui qui avait juré que jamais son fils ne tomberait aux mains des calotins ! — Pour qui allait-il passer ?

Jacques reçut une formidable rossée, et défense lui fut faite désormais de fréquenter les curés, d'aller à l'église, le dimanche, ou au catéchisme.

On verrait si l'autorité paternelle était un vain mot chez lui ! Foi d'Aubin ! Le mioche resterait emprisonné entre quatre murs, le dimanche, toute la journée, au moins jusqu'au soir ! Et puis, il ne faudrait plus que ça ! des habits neufs, un brassard, un cierge, ces gens-là sont insatiables ! Qui sait ? ils iraient peut-être jusqu'à fournir tout cela, pour lui faire la nique, à lui, Aubin ! Mais on sera là ! Ils n'y couperont pas !

Jacques était désolé, et Charles guère moins, car il avait obtenu, le rusé petit apôtre, que sa mère préparât à son jeune camarade tout ce qu'il lui faudrait. Pauvre Jacques ! il n'avait plus de mère, mais lui, il en avait une, et si bonne, qui ne savait rien lui refuser, surtout quand ses demandes étaient légitimes comme celles-là ! Au ciel, la mère de Jacques bénirait sa mère !

La retraite était arrivée. Jacques n'osa pas la suivre. Pourtant, chaque jour, après la classe, il s'échappait un instant à l'église, comme en passant, et là, dans un coin, il entendait les chants, il écoutait un brin d'instruction, les recommandations faites aux enfants.

A genoux, il priait ardemment et pleurait.

« Mon Dieu ! qu'ils sont heureux, mes camarades ! Et moi, que je suis malheureux ! »

Et il invoquait sa mère et le bienheureux Montfort, l'apôtre de nos contrées, que celle-ci lui avait appris à prier.

Ensuite, il s'essuyait les yeux et s'en revenait à l'école, qu'il trouvait triste, et, le soir, à la maison, qu'il trouvait affreuse.

Cependant, il ne se plaignait pas, il ne suppliait point, il ne demandait rien, sachant que son père avait un parti pris, un cœur de bronze.

Le vendredi soir, à la nuit, il se confessa. S'il ne pouvait faire sa première communion, du moins, il serait dans la grâce de Dieu.

La nuit qui précéda la première communion de ses camarades, il ne dormit guère. De grand matin, d'ailleurs, il fut réveillé par le carillon des cloches prochaines qui lui disaient : « C'est aujourd'hui le beau jour ! » Et lui, la tête dans sa couverture, pleurait en pensant : « Le beau jour, c'est pour les autres, pas pour moi ! »

Aubin se leva, brutal, mécontent et s'en alla faire une tournée chez le marchand de vin voisin. Il revint bientôt, la tête en ébullition, les yeux méchants, pour surveiller son gosse. Car il avait une vague idée que les « calotins » cherchaient à lui jouer un tour.

Jusqu'à neuf heures, Jacques demeura assis au coin du feu, le front dans les mains, avec une méchante blouse trouée aux coudes, et ses sabots. Les cloches sonnèrent de nouveau plus joyeuses que jamais, annonçant la procession de tous ces enfants, purs comme des anges, dans l'église, jusqu'au chœur où ils allaient prendre leurs places tout près de l'autel — petits saints Jeans qui se rapprochaient du cœur du Maître. Jacques entendait leurs chants plus encore avec son âme qu'avec ses oreilles.

Il pleurait.

Tout ivrogne qu'il était, le père eut certains remords. Quelque chose lui disait qu'il torturait indignement cet enfant. Il le revit soudain, dix ans plus tard, quand il serait devenu un grand garçon, lui reprochant sa conduite, sa dureté, sa cruauté envers lui et lui disant : « Tu as été un mauvais père pour moi, je serai un mauvais fils pour toi ! »

Alors il partit, fermant la porte à double tour ; il s'en retourna chez le marchand de vin du coin, s'y étourdir, à force d'absinthe.

Jacques resta seul, pleurant toujours.

Tout à coup des chants s'élèvent, mélodie charmante, angélique, qui le prend au cœur. Il ouvre la fenêtre pour les mieux entendre. Les voix se font expressives, il reconnaît les paroles. Il croit distinguer la voix de Charles, plus pénétrante que les autres, qui lui dit :

« Viens ! Viens ! Je t'ai gardé ta place à côté de moi ! Viens ! »

Cette voix se fait irrésistible : « Oui, oui, dit-il, me voici ! »

Et il enjambe la fenêtre, tombe dans la rue, et se dirige vers l'église en courant.

Les assistants voient entrer essoufflé, un enfant en blouse déteinte et percée, en sabots, qui va droit à la sacristie.

Le vicaire l'aperçoit. — C'est lui ! c'est son petit Jacques ! Mais en quel accoutrement !

« Me voici ! dit l'enfant, je me suis sauvé de chez nous. Mon père est au cabaret. Je désire faire ma première communion. Je n'ai pas voulu déjeuner. J'espérais toujours que le bon Dieu me procurerait cette faveur que je lui demande depuis trois mois. Comment ? Je ne savais pas, mais il le savait bien, Lui ! »

Et l'on vit l'enfant en blouse et en sabots, tenant un cierge, et, la figure rayonnante, prendre sa place au sanctuaire, à côté de son camarade Charles.

Les autres enfants avaient tous des vêtements beaux et neufs, des brassards d'or, de charmants livres à fermoir d'argent. Lui, il n'avait rien de tout cela, et il ne portait pas envie à ces richesses de parure de ses compagnons. Il était heureux ! contemplait l'autel, le tabernacle. C'était là son livre, il y lisait, sans doute, d'admirables choses, car il souriait, et son visage avait je ne sais quoi de calme, de joyeux, d'angélique, de resplendissant.

Jésus, qui regarde les cœurs, non les vêtements, considérait toutes ces petites âmes bien pures, bien préparées, mais il n'en voyait aucune qui fût aussi belle, aimante, céleste que celle de Jacques.

Quand le prêtre déposa sur ses lèvres émues la blanche hostie qui renferme le corps du Sauveur, les assistants ne pouvaient détacher leurs yeux de l'enfant pieux comme un ange du Paradis. Ils avaient oublié son extérieur pauvre, ses sabots grossiers, sa blouse minable.

Aux yeux de Dieu, de l'Église et des hommes, aucun n'était plus beau que Jacques. La foi, la confiance, le bonheur, la félicité profonde brillaient sur ses traits que Jésus, le Soleil de Justice, paraissait illuminer.

***

Le soir, le vicaire reconduisit Jacques chez son père. L'enfant commençait à s'effrayer de son audace. Il avait passé la journée avec Charles et revêtu la livrée de premier communiant, qui lui était remise par son excellent camarade.

Quand le père le revit dans ce costume pimpant avec son brassard et ses souliers neufs :

« C'est encore un tour des calotins, cria-t-il. Je l'avais bien dit !

— Oui, fit le vicaire. Les calotins vous ont joué le tour de vous donner un enfant bien élevé, bien sage. Il vous a désobéi aujourd'hui pour la première fois de sa vie. Mais avouez qu'il a bien fait...

— Je ne dis pas... Je ne dis pas...

— Ils se réservent de vous jouer encore quelque tour semblable, celui, par exemple, de vous rendre honnête homme, ouvrier rangé, père irréprochable. Car maintenant, c'est à vous de surveiller Jacques. Il travaillera avec vous. L'emmènerez-vous au cabaret ?... »

Aubin regardait fixement sur le mur la photographie de sa femme. Elle semblait lui parler sévèrement.

Il baissa les yeux devant ces yeux qui le foudroyaient, et comme se parlant à lui-même, il dit :

« C'est vrai, je ne suis pas un homme ! »

Et il embrassa longuement le petit Jacques.

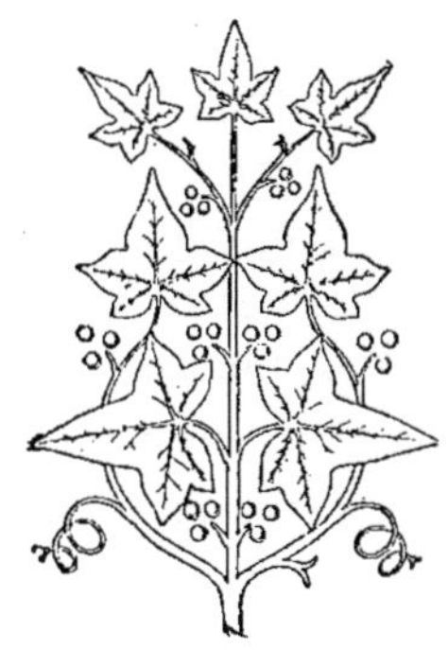

Nous vous avons déjà parlé, amis lecteurs, dans nos *Soirées Vendéennes* (¹), de ce « bon roi René », duc d'Anjou. Vous souvenez-vous de sa *platelée d'ablettes*, preuve irrécusable de sa bienveillance pour les petits ? Aujourd'hui, nous venons vous raconter un autre trait, qui vous montrera une fois de plus, que pour les nobles cœurs, la bonté est de tous les temps et de toutes les heures.

Autour de la Roche-sur-Yon, s'étendait une vaste forêt. Au milieu de cette forêt, les ouvriers de l'endroit avaient installé une verrerie. C'était leur gagne-pain.

Ils vivaient là, au milieu des bois, à même d'en prendre la quantité nécessaire à l'exploitation de leur industrie. Ils payaient seulement pour cela une petite redevance.

Depuis quand fonctionnait cette verrerie ? Personne n'a jamais su le dire, aucun acte n'en fait foi. Une chose reste certaine cependant. Établie avec l'assentiment du seigneur du lieu, elle était alors, — c'est-à-dire au milieu du XVᵉ siècle, — en pleine activité.

Tout allait donc pour le mieux, lorsqu'un jour, les officiers du seigneur de la Roche-sur-Yon virent la chose d'un mauvais œil. Était-ce amour de la querelle ? Était-ce vraiment dans l'intérêt du lieu ? Je ne sais ; mais ils se plaignirent que cette exploitation nuisait au bien de la forêt.

Au grand émoi des ouvriers employés dans la verrerie, ils vinrent défendre de couper du bois comme par le passé.

C'était l'arrêt de mort de la verrerie, et à brève échéance, la ruine de tous les ouvriers. Ils ne réclamèrent pas. A quoi

---

1. *Soirées Vendéennes*, 1ʳᵉ série, p. 134. Chez Desclée, De Brouwer et Cⁱᵉ, à Lille.

bon ? Les aggresseurs n'en démordraient pas. Ils firent mieux. Ils savaient peut-être déjà le dicton : « Mieux vaut s'adresser au bon Dieu qu'à ses saints. » Ils se concertèrent et résolurent d'aller implorer le seigneur lui-même pour se faire rendre justice.

Or ce seigneur n'était autre que René d'Anjou, le bon roi René, que vous connaissez. Il possédait encore à ce moment-là le duché d'Anjou, et venait souvent visiter ses terres de Vendée.

Par un heureux hasard, il se trouvait justement, à cette époque, dans les environs de la Roche, et tout prêt à accueillir la requête des verriers. Ceux-ci n'eurent pas de peine à obtenir gain de cause. Bon comme il était, le duc d'Anjou ne pouvait manquer de prendre en considération leur demande. Il était, du reste, trop ami des arts pour ne pas accorder à la chose un très vif intérêt.

Sa réponse ne se fit pas attendre. Il adressa, en date du 9 novembre 1456, une lettre à la Chambre des Comptes d'Angers, avec ordre de l'enregistrer sur-le-champ.

Cette lettre est vraiment curieuse, et je ne peux résister au désir d'en donner la teneur :

« René, par la grâce de Dieu, roi de Jérusalem et de Sicile, duc d'Anjou, pair de France, duc de Bar, comte de Provence, de Forcalquier et de Pimont, à nos amis et conseillers les gens de notre Chambre des Comptes à Angers, aux capitaines, sénéchal, avocat, procureur, receveur et autres officiers de notre ville et châtellenie de la Roche-sur-Yon et à leurs lieutenants, et à chacun d'eux, salut et dilection.

« Nous vous faisons à savoir que nos chers amis Lucas Rillet, Jehan Bertran et Pierre Maingret demeurant en notre forêt dudit lieu de la Roche-sur-Yon, nous ont exposé que depuis longtemps ils sont accoutumés à prendre en notre dite forêt le bois nécessaire pour leur ouvrage de verrerie, dans l'endroit le moins dommageable, sans que jamais ils en aient été empêchés par aucun de nos officiers ; et qu'ils paient les droits et devoirs de vente accoutumés.

« Toutefois, à cause de nos officiers, depuis quelque temps, pour le bien de notre dite forêt, ils n'osent plus prendre, ni couper le bois en nulle façon quelconque pour la dite verrerie, laquelle chose leur est un très grand grief, préjudice et dommage, et leur totale destruction, en tant qu'ils ne pourraient plus travailler en cette verrerie. Ils nous ont demandé humblement un remède convenable.

« Ces choses considérées par nous qui ne voulons pas la destruction des dits verriers, considérant la gentillesse et la noblesse qui est en l'ouvrage de verrerie ; et qu'aussi c'est le bien du pays et la chose publique.

« Pour ces causes et autres, nous avons donné et octroyé, donnons et octroyons, par cette présente, la grâce spéciale aux dits Lucas Rillet, Jehan Bertran et Pierre Maingret et à leurs fils et successeurs, congé et licence, pour qu'ils puissent encore tenir et exercer ladite verrerie en notre forêt, de prendre et couper le bois, comme par le passé, au lieu le moins dommageable pour notre dite forêt, et ainsi qu'il leur sera montré par les officiers ; et cela pour l'espace de trente ans à compter du jour et date de la présente, ou autrement jusqu'à notre bon plaisir, en payant les droits et devoirs des dites ventes comme ils y sont accoutumés.

« Ainsi cela nous plaît, et nous voulons qu'il soit fait non-obstant les coutumes et usages de notre dite forêt et toute autre chose quelconque qui serait contraire. »

Donné à Beaulieu-les-Belleville, le 9ᵉ jour de novembre, l'an de grâce MCCCCLXVI. René.

Pour le roy: Jehan DU PLESSYS, dit le Bègue, capitaine dudit lieu de la Roche, maître Loys DE LA CROIZ, procureur d'Anjou; Jehan BRESLAY, maître des requêtes dudit seigneur, présents.

Le bon roi René avait satisfait pleinement ceux qui s'étaient recommandés à lui ; mais la Chambre des Comptes d'Anjou n'était pas d'humeur si douce et si bonne que son souverain. Elle refusa tout d'abord d'enregistrer cette lettre, prétendant que le bien de la forêt était en cause, et que cette concession devait lui porter préjudice.

Quelques semaines après, le bon roi René rentrait dans sa ville d'Angers. Très mécontent en apprenant cette résistance, il ne craignit pas de se montrer sévère avec ses conseillers. Il les admonesta vertement, et leur enjoignit d'exécuter ses ordres sur-le-champ. Il fallut bien obéir. Le bon roi René leur redit de nouveau : « Cela nous plaît ainsi, et nous voulons qu'il soit fait. »

La Chambre des Comptes, cette fois, dut s'incliner et l'enregistrement eut lieu le 19 janvier 1457.

Le gouvernement du bon roi René représentait celui de la justice et de l'équité. Il protégeait les petits et les faibles.

Ceux qui blâment à outrance l'ancien régime devraient convenir que, si tout n'était pas parfait alors, il y avait beaucoup de bon.

Malheureusement, après avoir successivement perdu la Lorraine, le royaume de Naples, puis l'Anjou que lui enleva Louis XI, le pauvre roi René fut réduit plus tard à son comté de Provence, mais il y vécut dans la paix jusqu'à la fin, aimé et vénéré de son peuple.

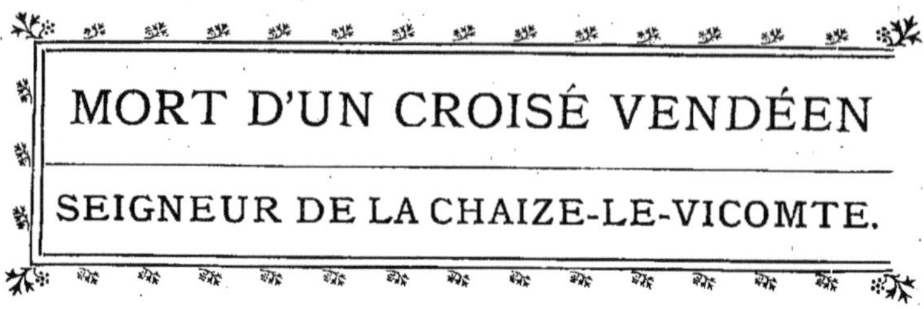

LA vieille église de St-Nicolas de la Chaize-le-Vicomte, bien connue des Vendéens, eut pour fondateur Aimeri, vicomte de Thouars.

Celui-ci demanda des bénédictins de St-Florent de Saumur, afin de leur confier le service de la nouvelle église. Les religieux furent installés dans leur monastère, l'an 1088.

A cette occasion, on déploya une grande solennité : le ciel et la terre prirent part à la fête.

A la Chaize, il y eut une telle foule que les vieux chevaliers déclaraient n'en avoir jamais vu de semblable.

A cette antique église, un des chefs-d'œuvre de l'architecture romane en Bas-Poitou, se rattache un touchant et édifiant souvenir des Croisades.

Le comte d'Aimeri avait deux fils : Herbert, vicomte de Thouars, et son frère Geoffroy. Herbert entreprit pieusement le voyage de la Terre-Sainte.

Avant son départ, il mit ordre à sa conscience, choisit sa sépulture, et confirma les donations faites aux bons moines de l'église de St-Nicolas de la Chaize. Le vicomte était si bon, si universellement aimé, que des sanglots s'échappaient de toutes les poitrines, au moment des adieux.

Il se rendit à Poitiers pour recevoir des mains de l'évêque la croix et le costume de pèlerinage. Les assistants eurent peine à retenir leurs larmes devant la foi et la bonté du pèlerin vendéen.

Un moine de St-Aubin d'Angers vint trouver le vicomte pour redemander une chape donnée en gage pour 300 sous.

La demande ne fut point acceptée. Herbert voulait bien rendre la chape, mais réclamait les 300 sous en échange.

Le pauvre moine, un peu déçu, s'en retournait fort attristé. Le vicomte le rappela et pensant au saint pèlerinage qu'il entreprenait, désirant attirer les bénédictions du ciel sur la pieuse caravane, il rendit la chape au moine en lui remettant sa dette. Celui-ci partit bien joyeux.

Dans l'armée de 100.000 hommes, commandés par Herbert, la plupart des chevaliers et des vassaux trouvèrent hélas ! bientôt la mort. Un petit nombre de malheureux pèlerins arrivèrent à Jérusalem, après avoir perdu tout leur avoir.

C'était le jour de Pâques. Le successeur de Godefroy de Bouillon, Baudouin, vint à la rencontre du vicomte et l'invita à dîner avec lui.

« Non, répondit Herbert, mes hommes sont pauvres. Je ne veux pas les quitter dans leur misère, et je resterai souper avec eux. »

Il se montra, en effet, le père et le protecteur de la petite armée. Lui aussi avait perdu tout ce qu'il possédait; heureusement il se sentait riche et fort de la protection du ciel.

Après avoir visité les saints lieux, il se remit en route avec ses compagnons, mais le noble seigneur de la Chaize-le-Vicomte dut s'arrêter à Jaffa, et reprendre les armes contre les infidèles. Le sort lui fut favorable, et il remporta une brillante victoire.

Dieu voulait le rappeler à lui autrement que sur le champ de bataille. Son frère Geoffroy, qui avait tenu à l'accompagner, disparut dans la mêlée. Immédiatement on vint annoncer à Herbert que son frère avait succombé au milieu des ennemis du Christ.

Nous l'avons dit, Herbert était doué d'un cœur extrêmement sensible et tendre. Aussi ce fut un tel coup pour notre héros, qu'à cette nouvelle douloureuse, il tomba demi-mort de son cheval. Transporté à Jaffa, il reprit peu à peu ses sens.

Quand il revint en pleine connaissance, et en présence de ses

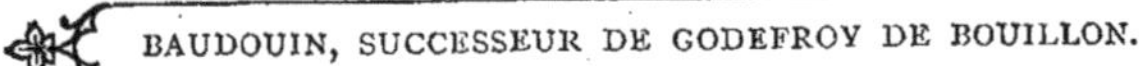

BAUDOUIN, SUCCESSEUR DE GODEFROY DE BOUILLON.

amis et de ses vassaux, il indiqua ses volontés dernières.
Car il ne se faisait point illusion, le noble chevalier, il allait
mourir sur la terre étrangère, loin de sa « doulce » France, de
sa Vendée tant aimée. Mais une partie de son cœur était restée
rivée à sa chère église de la Chaize-le-Vicomte, et avant de
s'endormir du sommeil du juste, ses pensées suprêmes s'envo-
lèrent vers ce petit coin de terre, où il souhaitait que Dieu fût
toujours honoré et servi par lui.

« Vous savez, dit-il à ses hommes d'armes, que j'ai une église
à la Chaize-le-Vicomte. Mon père l'avait bâtie et ornée avec
soin. Je voulais en augmenter les revenus, et au lieu de sept
moines, j'espérais en entretenir quinze. Je désire qu'après ma
mort, ma volonté s'accomplisse. »

Les barons et les serviteurs promirent de mettre à exécu-
tion les pieuses recommandations du croisé mourant.

Quelques jours après, la semaine de la Pentecôte, Herbert
rendait sa belle âme à Dieu. Il avait été sur la terre étrangère
« catholique et français » jusqu'à la fin.

Cette scène est assurément une des plus touchantes que
nous offre l'histoire du Moyen Age.

Ce noble et vaillant croisé bas-poitevin, allant mourir à Jaffa,
et envoyant sa dernière pensée vers l'humble monastère et sa
belle église de la Chaize, rappelle la douce mort de Monique,
sur le rivage d'Ostie, loin de son fils Augustin.

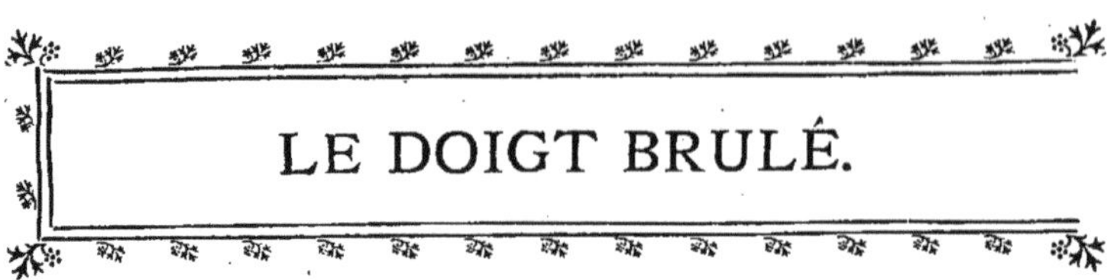

LE DOIGT BRULÉ.

LE bienheureux Père de Montfort, l'apôtre de notre Vendée, a fondé, à St-Laurent-sur-Sèvre, la communauté des Filles de la Sagesse.

La première supérieure, la digne émule du saint fondateur, sœur Marie-Louise de Jésus, sut, mieux que personne, former à la vertu les personnes confiées à ses soins.

Prêchant d'exemple plus encore que de parole, elle se vit bientôt entourée d'un essaim de jeunes vierges, ne demandant qu'à vivre dans le cloître entre Dieu et leur bonne Mère.

J'emprunte à la nouvelle *Vie de Marie-Louise de Jésus* les détails suivants — en les abrégeant, — et le récit très authentique du doigt *brûlé*.

Parmi les premières religieuses de cet ordre naissant, on doit signaler tout particulièrement sœur Agnès, connue dans le monde, avant son entrée en religion, sous le nom de Mlle Antoinette de la Coussaye.

Ce nom rappelle une des plus nobles familles du Poitou, famille alliée aux seigneurs et comtes de Vihiers. Mlle de la Coussaye, née à Bressuire, dans la paroisse de St-Porchaire, était un prodige de vertu. Véritable enfant prédestinée, comme autrefois la petite Ste Rose de Lima, la jeune Antoinette entendit, dès l'aube de la vie, l'appel de Dieu. A l'âge de trois ans, ses parents la mirent en pension chez les religieuses de Notre-Dame de Poitiers. Elle puisa près de ses saintes maîtresses non seulement la science humaine, mais encore et surtout la science des saints.

La petite fille avait une admiration profonde pour les religieuses qui faisaient son éducation, elle les entourait d'un saint respect, d'un véritable culte, et baisait même parfois sur le sol, la trace de leurs pas.

N'ayant ni l'âge, ni la force de leur venir en aide, elle s'ingéniait à trouver tous les moyens en son pouvoir pour leur procurer un petit plaisir, une douce satisfaction.

Encore tout enfant, elle aurait déjà voulu faire les gros ouvrages de la maison, tant par attrait pour le travail que pour

S. ROSE DE LIMA.

pratiquer la sainte vertu d'humilité. Elle montait parfois sur un escabeau, afin d'aider la domestique à faire les lits des élèves, et lui donnait même de l'argent pour obtenir qu'elle la laissât agir sans en parler à personne, voulant garder tout le mérite de sa bonne action.

Cet amour de la vertu héroïque chez un enfant de cet âge, montrait assez ce qu'elle deviendrait plus tard.

Un jour, sa petite voisine, moins scrupuleuse qu'elle, sous le rapport de la soumission, résista ouvertement à une de ses maîtresses. La jeune Antoinette, très alarmée, et pensant faire rentrer en elle-même l'élève réfractaire, lui dit simplement: « En purgatoire, vous souffrirez pour votre désobéissance. »

Cette parole, loin de produire l'effet qu'elle en attendait, excita l'hilarité de la petite volontaire, qui trouva ridicule de croire à l'existence du Purgatoire.

Antoinette eut un réel chagrin de cette réponse, ne s'imaginant pas que l'on pût douter un instant d'une vérité enseignée dans le catéchisme. Elle en fut tout à fait scandalisée.

« Eh bien ! dit Mlle de la Coussaye assez agitée, puisque vous ne croyez pas, demandons à Dieu qu'il nous fasse connaître le Purgatoire. »

La jeune coupable, subissant l'ascendant qu'exerce toujours la vertu, même dans le jeune âge, se mit à genoux sans résistance à côté d'Antoinette. Elles firent ensemble leur prière.

A l'instant, la petite fille sentit un de ses doigts brûler et jeta les hauts cris. Toute la communauté accourut effrayée, pour savoir la cause de ces cris. On questionna l'enfant, qui paraissait souffrir beaucoup. Elle pouvait à peine répondre, tant la douleur était aiguë. Mais elle fit voir à tous son doigt dont le bout était brûlé jusqu'à la jointure en disant: « C'est Mlle de la Coussaye qui est cause que j'ai le doigt brûlé. »

Il l'était vraiment, et de telle sorte qu'il en demeura noir jusqu'à la fin de ses jours.

La jeune Antoinette ne s'attendait pas à voir sa prière exaucée de cette manière. Elle en fut heureuse et peinée tout à la fois. Mais le premier sentiment prévalut, car elle pensa avoir gagné à Dieu cette jeune âme déjà rebelle.

En effet, l'enfant convertie eut une croyance si ferme dans

la réalité des peines du Purgatoire, que, durant sa vie entière, elle en parla à toute occasion.

Elle raconta maintes fois sa propre histoire, et à ceux qui ne voulaient pas y ajouter foi, elle leur montrait, pour les convaincre, son *doigt brûlé*.

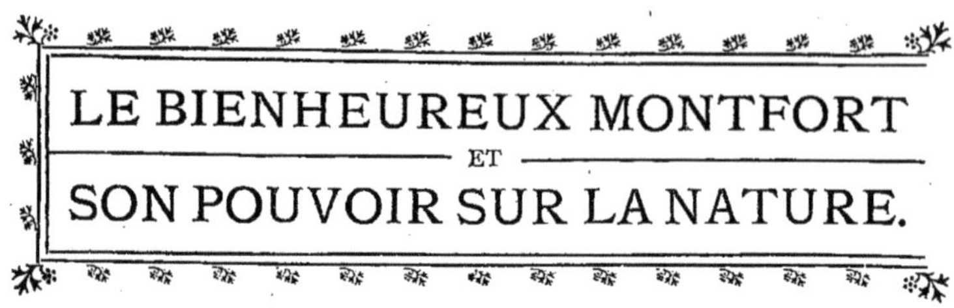

I

LES CERISES.

Une des choses qui étonnent le plus dans la vie des Saints, c'est leur autorité sur la nature. Dieu semble avoir, pour eux, renouvelé le pouvoir donné à Adam innocent. Nous pourrions citer sur ce sujet beaucoup de traits pleins de la plus gracieuse poésie. Nous sommes heureux de trouver dans la vie du Père Montfort, notre saint populaire, plusieurs faits peu connus qui placent notre Bienheureux parmi les thaumaturges qui ont commandé en maître à la nature, même inanimée.

C'était pendant l'hiver. La terre avait dépouillé son manteau de verdure. Les arbres, privés de leurs feuilles, ressemblaient à la campagne, à d'énormes squelettes qui, sous l'effort des vents et de la tempête, balançaient, dans les airs, leurs grands bras nus. Plus de nids sous la feuillée absente. Les oiseaux en bandes cherchent partout un abri et une nourriture que leur refusent les haies sans verdure et sans feuillage.

Voyez-vous, dans ce chemin étroit, cet homme qui s'avance lentement, le rosaire à la main ? Il semble épuisé par la fatigue, et sur le sentier rude et glacé, on dirait qu'il va tomber de faiblesse, tant il paraît accablé par sa marche. Cet homme qui s'en va ainsi solitaire, c'est l'apôtre du pays, le vénérable Père Montfort. Son zèle ardent l'a entraîné à la conquête des âmes, et il s'est égaré au milieu des champs déserts. Pas un passant à qui demander son chemin. Le Saint se recueille, implore Marie qu'il a tant fait aimer. La Reine du ciel ne reste pas sourde à la prière de son fidèle serviteur. Il fait un effort et voilà qu'il aperçoit, à quelque distance, une pauvre cabane. Il s'y traîne et d'une voix presque éteinte, suppliante, il s'écrie : « Ouvrez pour l'amour du bon Dieu. »

A cet appel, de la maison, une voix qui semble cassée par la

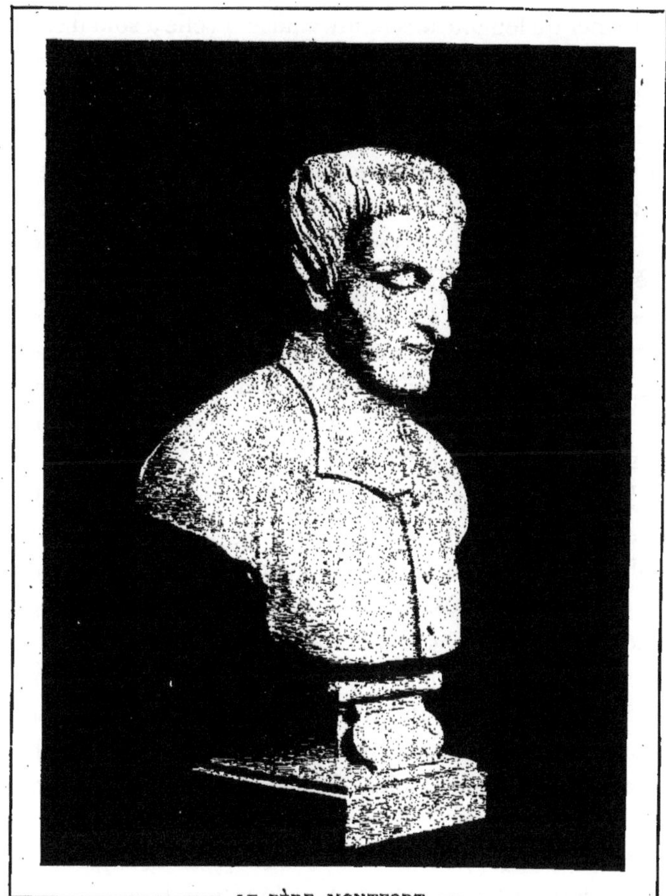

LE PÈRE MONTFORT.

vieillesse, répond : « Tout à l'heure, je vais ouvrir. » Et bientôt, la porte s'ouvre, en effet. Une femme est là, devant le Père Montfort, tout étonnée, toute stupéfaite. Elle a reconnu aussitôt l'apôtre si populaire et elle s'écrie : « Quoi ! c'est vous, bon Père, par ce temps affreux ! Entrez vite, car il fait grand froid. Quel bonheur pour moi de recevoir, dans ma pauvre demeure, un prêtre du bon Dieu ! mais entrez, entrez donc, » et la femme d'approcher du feu une méchante chaise qu'elle a soin d'essuyer avec son tablier. « Asseyez-vous, mon Père. Je vais mettre dans le feu une grande panne. » Et en parlant ainsi, elle jette dans le foyer une forte branche de genêt. « Mais vous devez avoir grand'faim ? J'ai encore du pain, un peu de vin et des œufs frais. »

Le Saint s'assied. « Pas tant d'apprêts, ma bonne mère, dit-il. La fièvre me dévore. Courez vite à votre verger cueillir vingt cerises, bien mûres. C'est tout ce que je veux accepter. »

A ces mots, la pauvre femme regarde avec étonnement le Saint qui lui parle de cerises, en plein hiver. « Des cerises, en mars, mais où les prendre ? Même au roi, je répondrais comme à vous : « Impossible, à moins d'un miracle.

— Jésus est plus grand que le roi. Je vous le dis, allez en son nom, me cueillir vingt cerises. »

Malgré sa surprise, la femme n'hésite plus. Elle part, et quelques instants après, elle rentre, le visage tout transfiguré. Elle tombe à genoux. « O Père, pardonnez-moi, s'écrie-t-elle. Que le bon Dieu est puissant ! Si vous voyiez mon jardin maintenant, on se croirait en été. Tandis que tout autour les arbres penchent leurs rameaux dénudés, les miens se courbent sous le poids de leurs fruits. Voyez, j'en ai cueilli toute une *dornée* (1). »

« Remerciez Dieu, et si vous voulez qu'il vous soit toujours en aide, ayez un cœur plein de foi. Pour moi, je vous demande mes vingt cerises, c'est le remède qui doit refaire mes forces épuisées. Et vous, souvenez-vous qu'il y a probablement, au

---

1. Plein tablier.

bourg voisin et dans les fermes d'alentour, plus d'un malade privé de tout sur son lit de douleurs. Partagez à ces amis du bon Dieu, ces beaux fruits que son cœur de Père vient de vous donner. »

Pendant que le Saint parlait ainsi, la femme regardait ces cerises dans son tablier. Elles lui paraissent si belles ! Tout à coup, une pensée d'avarice lui vient à l'esprit.

« De si belles cerises, ce serait péché de les donner ! Je les vendrai si cher maintenant ! Oh ! demain, je les porterai au marché. »

Le Saint, rafraîchi par le jus parfumé de la cerise, s'était endormi dans sa chaise.

« Montons vite au grenier préparer, pendant son sommeil, notre panier. Bien, voilà *quatre basses* (¹), une pour chaque cerisier. Commençons par cueillir les branches d'en bas. »

Elle sort alors sur la pointe des pieds pour ne pas réveiller le zélé missionnaire. Elle pénètre dans son jardin. Elle avance doucement vers les cerisiers. Elle lève les yeux, tend les bras, mais, ô surprise, plus de cerises. Un blanc verglas pend aux branches à la place du fruit vermeil. Elle pâlit, elle pousse un cri qui réveille Montfort.

La pauvre femme, honteuse, désolée, raconte au Saint son malheur. « Dieu vous punit, répond-il, d'avoir écouté le démon de l'avarice. Ah ! malheureuse, Dieu vous réservait une belle place dans son Paradis, si vous eussiez porté aux pauvres ces fruits miraculeux. Et puis, sachez-le, après avoir soulagé Dieu dans ses amis, les pauvres, le reste vous eût rapporté au marché *cinq beaux louis*. Oh ! faites pénitence, afin que Dieu vous pardonne, et apprenez qu'il déteste l'avarice et la punit avec rigueur (²). »

---

1. Grands vases de bois pour les vendanges.
2. Ce miracle que nous venons d'exposer a été raconté par l'archéologue Benja-

II .

LA MULTIPLICATION DES PAINS.

DANS ce gracieux récit des cerises, riche en enseignements, nous voyons la puissance de Montfort sur la nature et la bonté de son cœur.

Dans le trait suivant, nous admirerons en plus le don de prophétie de notre thaumaturge vendéen. Nous l'avons entendu redire, maintes et maintes fois, à un jeune prêtre que nous avons beaucoup connu, et qui descendait de la famille privilégiée en faveur de laquelle le Bienheureux opéra le grand miracle que nous allons raconter, à notre tour.

Montfort donnait une mission à Saint-Christophe-du-Ligneron. Il y avait, dans cette paroisse, un homme simple et craignant Dieu, nommé Jean Cantin. Il remplissait les modestes fonctions de sacristain. Sa famille était nombreuse et pauvre. Le serviteur de Dieu allait souvent chez lui, pour lui dire quelques paroles d'édification. Un jour, ayant trouvé une des filles de Jean Cantin occupée à « boulanger », il lui demanda si elle avait bien soin d'offrir à Dieu son travail de chaque jour.

« Mon Père, répondit la fille avec simplicité, je le fais quelquefois, mais, je l'avoue, j'y manque bien souvent.

— N'y manquez jamais, ma fille, » dit le missionnaire.

A ces mots, il se jette à genoux devant le pétrin, fait une prière, bénit la huche par un signe de croix et quitte ensuite la maison.

---

min Fillon — dont les opinions antireligieuses sont bien connues — à M. l'abbé Gonet, mort curé-doyen de St-Gilles-sur-Vie (Vendée).

« M. B. Fillon, dit ce dernier, ne m'a point cité ce trait à titre de légende, mais fort bien à titre de *fait historique*, dont il avait recueilli le *récit écrit*. »

Et M. l'abbé Gonet a trouvé là le thème d'un de ses plus gracieux morceaux insérés dans ses *Œuvres poétiques*.

Nous sommes heureux, à la suite de ces auteurs, de publier ce miracle que nous n'avons lu encore dans aucune des nombreuses vies du bienheureux Montfort.

« Marie, dit la mère après le départ du saint missionnaire, approche-moi la pâte, elle est suffisamment pétrie. Je vais la mettre dans les jadeaux (1). » Marie obéit ; elle présente la pâte à sa mère, et quand cette dernière eut à peu près rempli le four, elle demanda s'il en restait encore. « Vous n'êtes pas au bout, répondit la fille, il en reste encore plus d'une fois autant. »

Surprise, la mère regarde sa fille, et croyant à un badinage, elle lui dit : « Tu veux rire, ma fille. » Cependant la chose était véritable. La pauvre pâte avait donné triple fournée : trente beaux pains, au lieu de dix. Jean Cantin, reconnaissant envers Dieu et son serviteur de cette prodigieuse abondance, porta un des pains à la maison des missionnaires. « Eh bien, maître Cantin, lui dit Montfort, vous apportez donc à la Providence ! C'est ainsi qu'il faut faire, donnez, on vous donnera, et si Dieu est libéral envers vous, il faut que vous le soyez envers les pauvres. » Et le Saint, regardant avec tendresse le bon sacristain, ajouta : « Dieu, pour récompenser votre foi, vous bénit, vous et votre race. Toujours dans votre famille, il y aura un de ses membres pour en faire un prêtre de la Sainte Église. »

Or en 1882, mourait, vicaire à la Garnache, un jeune prêtre âgé de vingt-six ans, Émile Cantin. Ainsi s'appelait ce vicaire, dont le père était sacristain, comme tous ses aïeux. M. l'abbé Émile Cantin descendait de Jean Cantin, le héros de notre récit. Il laissait seulement une sœur. Avec lui s'éteignait donc le nom des Cantin.

Ce jeune prêtre, le lecteur l'a deviné, c'est celui qui m'a souvent raconté, pendant mon vicariat, à Chavagnes-en-Paillers (2), ce trait prophétique, conservé pieusement dans les traditions de sa famille et qui s'est réalisé dans sa personne.

---

1. Paniers d'osier pour mettre la pâte prête à cuire.
2. Il était alors professeur au petit séminaire de Chavagnes-en-Paillers.

III

VOYAGE A L'ILE-D'YEU.

Nous avons peine à quitter notre saint Vendéen. Que notre lecteur nous permette une dernière anecdote, qui fera éclater encore le crédit de Montfort sur Marie.

L'évêque de Luçon, plein d'admiration pour le zèle de Montfort, le pria de venir donner une mission à l'Ile-d'Yeu. Cette île, posée, comme un nid d'alcyon, au milieu des vagues de l'Océan, à vingt-cinq kilomètres au sud-est de Noirmoutier, et à dix-sept du littoral le plus rapproché, qui est la pointe de Monts, n'est qu'un rocher recouvert d'une mince couche de terre végétale, et habité par une population de pêcheurs, ne dépassant guère trois mille âmes.

A l'époque où Montfort s'apprêtait à y porter la parole évangélique, l'abord n'en était pas toujours facile, ni sans péril, à cause des écumeurs de mer sortis de Guernesey, qui infestaient presque continuellement ses parages. Les calvinistes de la Rochelle, qui poursuivaient d'une haine furieuse le zélé missionnaire, avaient écrit aux pirates de Guernesey pour leur faire connaître les projets de Montfort, et les inviter à en profiter, pour s'emparer de sa personne. Montfort, selon sa coutume, en ces circonstances difficiles, priait Dieu et Marie de l'aider de leur toute-puissante protection. « Partons, dit-il enfin, à la garde de Dieu qui saura bien me conduire au port. » En vain ses compagnons s'opposent à ses désirs. Ils lui représentent qu'ils courent à un esclavage certain. « Pourquoi craindre ? reprend le missionnaire. Si les martyrs avaient hésité, et s'ils s'étaient montrés aussi lâches que nous, ils ne posséderaient pas la couronne de gloire dont ils jouissent dans le ciel. »

Obligé cependant de différer son départ, le vaillant missionnaire bénit la Providence de ce retard involontaire. La barque qui devait l'emporter fut saisie le même jour, par un corsaire.

Ce dernier, qui, d'après les indications qu'on lui avait données, s'attendait à trouver sur cette barque le saint prêtre, furieux d'avoir manqué son coup, demanda en colère au patron de la barque où étaient les deux prêtres qu'il devait passer à l'Ile-d'Yeu. « Ils sont restés à la Rochelle, » répondit le matelot. « Tant pis pour toi, » répliqua le corsaire. « Je me serais contenté de les prendre et je t'aurais renvoyé. Mais, puisque tu ne les as pas, tu perdras ta barque et toutes tes marchandises. »

PORT DE L'ILE-D'YEU.

N'ayant pu s'embarquer à la Rochelle, Montfort se rendit aux Sables-d'Olonne, espérant y trouver des chaloupes pour le passer à l'Ile-d'Yeu.

Cette île, depuis quinze jours, était investie de tous côtés par des corsaires. C'est pourquoi aucun marin n'osa risquer une entreprise aussi périlleuse. Sur ses pressantes instances, un marin de Saint-Gilles se décida enfin, mais non sans peine, à effectuer la traversée.

Dès le lendemain, à la marée montante, Montfort, fidèle au rendez-vous, s'embarqua, plein de joie et de confiance en la protection de Marie. Mais, à peine la barque, conduite par notre marin et quatre vigoureux matelots, avait-elle gagné la pleine mer, que deux vaisseaux corsaires de Guernesey parurent à l'horizon. Ils venaient, à pleines voiles, du côté du malheureux bateau. Le vent les favorisait. A cette vue, les pauvres matelots, qui n'avançaient qu'à force de rames, s'écrient : « Nous sommes perdus ! » et découragés, ils poussent des lamentations capables de toucher les cœurs les plus endurcis. Debout, près de la poupe, sa croix en main, et le visage rayonnant, Montfort les encourage. « Enfants, ne craignez point, dans une heure, nous serons tous rendus au port. Encore une fois, ne craignez rien, mais chantons ensemble un cantique à Marie. »

Hélas ! sa voix ne rencontre pas d'écho. Chacun tremble, chacun pleure, à la pensée de la triste destinée qui l'attend, loin d'une famille aimée. Cependant, plus rapide que le vautour qui fond sur sa proie, le corsaire avançait toujours. Déjà le canon gronde et domine le bruit de la vague. La terreur augmente dans la pauvre barque. « Puisque vous ne pouvez chanter, dit le Saint, récitons donc ensemble notre chapelet. Le saint Rosaire nous délivrera de nos ennemis. »

Il dit et commença aussitôt son chapelet. Rassurés par la foi du Saint, les matelots, tout en ramant, répondent avec ferveur.

Marie regardait, du haut du ciel, son fidèle serviteur, et souriait à sa prière. Le chapelet est récité. Tout à coup, Montfort s'écrie : « Ne craignez plus rien, mes chers amis, la bonne Vierge nous a exaucés. Nous sommes hors de danger. » L'ennemi était là pourtant, à une simple portée de canon, poussant déjà des cris de triomphe :

« Mais comment, mon Père, serons-nous hors de danger, l'ennemi est sur nous et prêt à saisir notre barque ? Préparons-nous plutôt à faire le voyage d'Angleterre.

— Ayez la foi, mes chers amis. Je vous l'affirme, les vents vont changer. »

Soudain, en effet, un vent violent s'élève du côté du rivage. Les vaisseaux ennemis, repoussés brusquement, virent de bord, puis bientôt disparurent à l'horizon. Montfort était sauvé. Sa confiance en Marie, encore une fois, avait triomphé de la nature et des éléments. Un cri de reconnaissance part de tous les cœurs. Merci ! Marie, notre bonne mère ! et le chant du *Magnificat* retentit sur les flots calmés. La barque tend sa voile et bientôt entre, joyeuse, au port de l'Ile-d'Yeu.

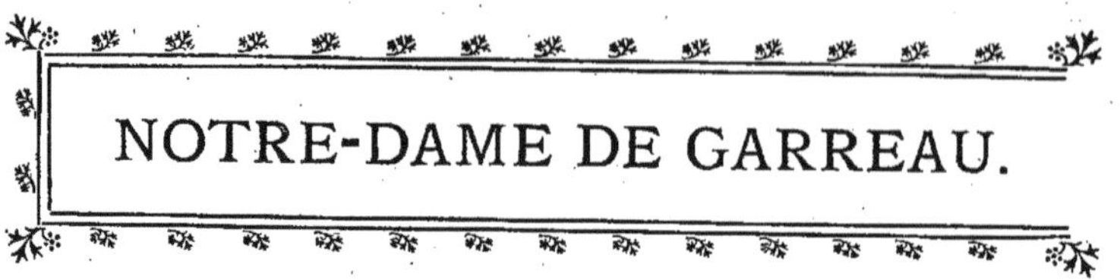

NOTRE-DAME DE GARREAU.

LE pèlerinage de Notre-Dame de Garreau est un des plus fréquentés de notre Vendée.

Sur les bords du Jaunay, dans la paroisse de la Chapelle-Hermier, à quelques lieues des Sables-d'Olonne, s'élève une modeste chapelle. Elle remonte, dit-on, au temps des Calvinistes.

Tous les ans, le 8 septembre, une foule pieuse s'y donne rendez-vous. Plusieurs y passent la nuit en prières. On voit là une énorme pierre émergeant des eaux de la petite rivière du Jaunay, et devenue l'objet de la vénération des fidèles et d'une sorte de culte peut-être superstitieux.

A ce sanctuaire de la Vierge, nombre de malades ont recouvré la santé. Les pèlerins y accourent de toutes les contrées environnantes, et souvent même des extrémités de la Vendée.

D'intéressantes légendes se rattachent à cette chapelle de Notre-Dame de Garreau. Elles ont un charme pénétrant, et on ne peut les lire sans émotion. Les anciens les racontent à leurs enfants émerveillés, et eux-mêmes les tiennent de leurs vieux parents.

*
* *

Un chevalier du moyen âge, demeurant à la Chapelle-Hermier, était parti pour la croisade. C'était un brave, il avait guerroyé en Palestine avec un courage sans égal, et revenait vers sa chère patrie.

Le pays natal avait large place en son cœur. Il s'avance donc, le cœur joyeux, vers le clocher de sa modeste paroisse.

Il entrevoit dans sa pensée les tourelles de son vieux manoir. Il sourit de loin à une toute jeune femme, qu'il a laissée, il y a bien des mois, berçant un charmant enfant blanc et rose, le portrait fidèle de son père.

Au milieu de sa douce rêverie, il se trouve sur les bords du Jaunay. Un orage épouvantable avait éclaté, la veille, dans cette contrée, les eaux avaient grossi, et nul passage était pratiquable.

Notre chevalier, impatient d'arriver au terme de son voyage, pousse témérairement son coursier dans cet abîme mouvant. Mais cette témérité va lui coûter la vie.

NOTRE-DAME DE GARREAU.

C'en est fait de lui ; il ne reverra plus son épouse chérie et son fils bien-aimé auxquels, il y a un instant, il envoyait un si tendre souvenir. Ce qu'il n'a jamais pensé au milieu de tant de batailles, il le ressent à cette heure, et pour la première fois de sa vie, le vaillant chevalier tremble et pâlit.

Mais il aimait la Vierge Marie. Au moment où les eaux allaient l'engloutir, mû par un ressort surnaturel, il s'écrie : « Au secours ! Marie, ma Mère, au secours ! Viens sauver ton chevalier. »

Ce cri de détresse est entendu par Celle que l'Église a si justement appelée « Étoile de la Mer ». Une blanche vision apparaît aux yeux étonnés et ravis du pieux chevalier. Une pierre énorme surgit au milieu du torrent. Remonté sur son intrépide coursier, il va sur ce mystérieux radeau jusqu'aux pieds de sa divine protectrice, qui l'attend sur l'autre rive. Il était sauvé.

Le sanctuaire fut élevé sur le lieu du miracle. La pierre qui transporta notre pieux chevalier Vendéen devint l'objet d'un culte tout particulier.

*
* *

La seconde légende me paraît présenter un égal intérêt.

Il y a bien longtemps, un bon moine du prieuré de la Chapelle-Hermier était en prières. Il allait et venait, plongé dans de sérieuses pensées, égrenant dévotement son rosaire, et oubliant probablement toutes les choses de la terre, pour ne songer qu'à l'éternité. Toujours il semblait absorbé dans de profondes méditations.

Il ne s'aperçoit pas qu'il s'éloigne de sa route, et est tout surpris, lorsqu'en levant les yeux, il se voit aux bords du Jaunay.

Une jeune lavandière se tenait debout sur la pierre même que l'on vénère maintenant, et blanchissait son linge dans l'eau cristalline.

Le moine la regarde étonné ; la pierre affleurait à peine au niveau de la nappe limpide. Comment la jeune femme avait-elle pu arriver là ? Comment s'y maintenait-elle ? Évidemment, il y avait du surnaturel.

Quelle n'est pas la surprise du moine en voyant la mysté-rieuse inconnue se transfigurer soudain ! Une auréole lumi-neuse l'entoure, puis elle disparaît, laissant un nuage vaporeux qui répand une clarté céleste.

Le moine tombe à genoux. Il a reconnu la Vierge Marie.
Il la revoit douce et humble dans sa petite maison de Nazareth,
lavant les langes de l'Enfant Jésus, puis, plus tard, devenue
Reine des anges et des hommes, s'envolant dans la gloire du
Paradis.

Telle serait, selon certains légendaires, l'origine de cette
pierre miraculeuse, qui aurait servi d'escabeau, de trône à la
Reine du ciel, lorsqu'elle daigna apparaître au milieu des
eaux du Jaunay.

Qu'on nous permette d'ajouter à cette légende, une fraîche
poésie, qui en est comme le gracieux commentaire : *Les langes
de Jésus*, par Reboul.

C'est près de Nazareth, au bord de la piscine ;
La Vierge vient laver les langes de Jésus.
Or, une pauvre femme était là, sa voisine,
Qui lui dit, reprenant ses travaux suspendus :

— De ce ruisseau, ma sœur, connaissez-vous l'histoire ?
Ce n'était qu'un ravin, au temps de la moisson
Le plus petit oiseau n'y trouvait pas à boire ;
Les troupeaux maintenant y baignent leur toison.

Ses flots semblent créer des édens dans leur course,
Et sous les feux du jour redoubler de fraîcheur.
On dirait que quelque ange a remué leur source.
— La Vierge répondit : « Bénissez le Seigneur ! »

— Et pour mettre le comble à ces choses étranges,
Mon enfant pâlissait ; il reprend sa couleur
Depuis que dans ces eaux, je viens laver ses langes. »
— La Vierge répondit : « Bénissez le Seigneur ! »

Elle aurait pu tout dire à la pieuse femme ;
Marie à ce prodige avait longtemps rêvé !
Mais le bruit du dehors n'allait pas à son âme ;
Et le temps de son Fils n'était pas arrivé.

*
* *

Une troisième légende de Notre-Dame de Garreau semble appartenir exclusivement à la tradition chrétienne.

Marie s'est plu, dans tous les temps, à multiplier ses apparitions et ses miracles ; et c'est souvent à la jeunesse, à l'innocence qu'elle a donné ses préférences.

A Garreau, des guérisons extraordinaires s'opèrent chaque année. Mais la première, la plus émouvante, et qui a été l'origine de toutes les autres est, sans contredit, celle que nous allons raconter.

C'était une candide enfant de dix ans à peine. Elle se nommait Isabelle. Simple petite bergère, elle gardait son troupeau au milieu des herbages qui bordent le Jaunay. Son visage triste et doux reflétait l'innocence de son cœur. Ses yeux rayonnaient d'intelligence, mais un voile de mélancolie la couvrait tout entière. On eût dit un ange privé de ses ailes.

Belle sans le savoir, elle se montrait humble et modeste, et ne levait les yeux que devant l'image de la Vierge Marie, qu'elle aimait tendrement.

La pauvre enfant ne pouvait entendre que les voix d'en haut et s'entretenait seulement avec le Ciel. Elle était sourde et muette.

Ses parents avaient versé bien des larmes sur l'infirmité de leur unique enfant, mais éclairés du flambeau de la foi, ils voyaient dans leur fille chérie un ange fait pour le ciel.

Un jour la pieuse enfant, à genoux sur l'herbe de la prairie, adressait à Dieu une fervente prière. Elle entend, — chose étrange pour elle, — un léger frémissement. Ses yeux se portent du côté où elle a cru percevoir quelque chose. Une dame éblouissante de beauté lui fait signe d'approcher.

La bergerette s'avance timidement et la vision lui dit :

« Enfant, veux-tu me donner le plus blanc de tes agneaux ? »

Pour elle entendre un son est chose si nouvelle, qu'elle en reste tout interdite, mais son étonnement devient autrement grand quand elle sent sa langue se délier. Et elle, qui n'a jamais parlé, répond tout naturellement.

« Bien volontiers, belle Dame, si mon père et ma mère y consentent. »

La pauvre petite, vivement émue, va se jeter dans les bras de ses parents, et leur raconte tout ce qu'elle a vu et entendu.

Les pauvres gens, si affligés, depuis longues années, du mutisme de cette enfant, ne pouvaient croire à ce miracle.

« Un agneau ! dit la mère. Ah ! mon enfant, ce n'est pas assez. Où est la belle Dame ? Amène-la ici, et donne-lui tous les agneaux de notre bergerie. »

Avec l'enfant elle court vers la pieuse apparition, car elle a reconnu la Vierge Marie. Elles arrivent hors d'haleine au bord du ruisseau. Mais la froide pierre restait seule au milieu des eaux. La belle Dame avait disparu. Cette pierre, la mère et la fille la couvrent de leurs baisers, l'inondent de leurs larmes de reconnaissance et d'amour.

Les larmes de l'enfant montèrent jusqu'au trône de la Mère de Dieu. Cinq semaines après, la belle Dame revint chercher l'innocente bergère, pour l'emmener au Paradis.

Cette charmante légende mérite-t-elle créance plus que les précédentes ? Je ne sais. Mais par sa grâce et sa fraîcheur, elle attire d'elle-même au béni sanctuaire de Notre-Dame de Garreau. Là, on voudrait entendre la petite Isabelle sourde-muette parler encore avec la Reine du ciel.

*
* *

Une tradition locale assez fondée rapporte que, dans les chevauchées qu'il fit dans le pays, en 1622, après sa victoire sur les huguenots de Rohan-Soubise dans les marais de Riez, le pieux roi Louis XIII n'oublia point Notre-Dame de Garreau, et vint en personne lui témoigner sa reconnaissance. Bien que l'histoire n'affirme pas positivement le fait, elle semble en fournir la preuve indirecte lorsqu'elle relate la présence du roi à Apremont, le dimanche 17 avril 1622, où un *Te Deum* d'actions de grâces fut chanté dans l'église de la paroisse.

Un grand nombre d'évêques, au cours de leurs visites pastorales dans la contrée, se sont fait aussi un devoir de venir recommander leur personne et leur troupeau *à la divine bergère* de la vallée du Jaunay (¹).

Enfin, durant les sombres jours de la Révolution, quand le tocsin retentit d'un bout à l'autre de la Vendée, et que nos héroïques ancêtres se levèrent en armes pour défendre leurs autels et leurs foyers menacés, ils furent nombreux alors ceux qui, avant de quitter leurs champs et leurs chaumières, allèrent solliciter la protection de la sainte Madone pour eux-mêmes, et pour les êtres chéris, qu'ils confiaient à sa garde maternelle.

Combien de fois les murs de sa pauvre chapelle n'ont-ils pas entendu et les adieux touchants de ceux qui partaient pour la *grande guerre*, et les sanglots des mères et des petits enfants, venant y prier ensemble pour la conservation des absents et leur prompt retour au foyer de la famille !

Le dernier pèlerinage eut lieu les 7 et 8 septembre 1791. Peu après, le chapelain, M. l'abbé Brillaud, curé de la Chapelle-Hermier, fut arrêté et conduit à Fontenay (août 1792), et mourut en Espagne.

L'église fut en partie brûlée par les Bleus ; mais dès les premières années de ce siècle, la famille Fruchaud s'empressa de la réparer à ses frais.

---

1. On cite notamment : Mgr de Bazillon, en mai 1676; Mgr Jacquemet-Gautier d'Ancyse, en octobre 1760; Mgr de Mercy, en septembre 1777.

Aujourd'hui le pèlerinage a retrouvé, en partie, sa célébrité passée. Le mardi de Pâques, chaque année, il existe depuis quinze ans, un pèlerinage d'hommes, dans le but de faire amende honorable, et de demander à Notre-Dame de Garreau la cessation des fléaux qui s'abattent sur la vigne.

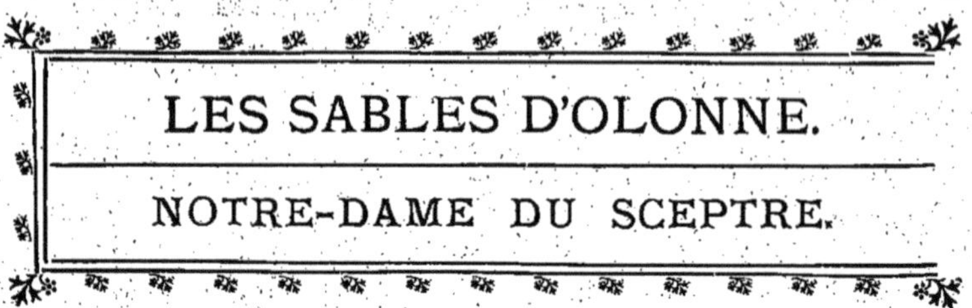

Je veux vous parler aujourd'hui du terrible incendie du petit séminaire des Sables, en 1835.

C'était dans la nuit du 27 décembre. Les flammes se déchaînèrent subitement dans les bâtiments, à deux heures du matin, avec une violence inouïe. Presque tout le monde dormait. Seule l'infirmière sentit tout à coup une très forte odeur de fumée. Inquiète, elle se lève, et voit des flammes surgir de toutes parts. Elle se précipite chez M. le supérieur; les élèves sont réveillés en sursaut et le cri: « Au feu! Au feu! » retentit aussitôt.

Déjà les flammes ont pris de telles proportions qu'il est impossible de s'en rendre maître. Les enfants appelés n'écoutent plus la voix de l'obéissance. Ils courent çà et là, demi vêtus, aussi bien au dehors qu'au dedans du séminaire. La désolation est à son comble, le crépitement des flammes, le bruit des meubles qui tombent, les soupentes volant en éclats, jettent partout la terreur.

Le vent soufflait du nord. Pas une pompe à incendie, et presque sans eau; tout secours semblait devenir inutile. Le séminaire entier allait devenir la proie des flammes.

Dans une des classes, sur un trône gracieux, était placée une statue de Marie, objet de la vénération toute spéciale des élèves. Ces jeunes gens lui avaient offert un petit sceptre d'argent, symbole de sa royauté sur les cœurs. Chacun allait, à certaines fêtes, baiser le sceptre béni pour prouver à Marie combien son joug était aimable et aimé.

Au moment où tout au séminaire allait périr, M. l'abbé Dalin, alors supérieur de l'établissement, eut une soudaine inspiration. Voyant qu'aucun secours humain ne pouvait conjurer le fléau, il court chercher ce sceptre de la Mère de Dieu, et plein de confiance en sa protection, il lance le sceptre dans l'endroit où le feu sévissait avec le plus de violence.

On n'invoque jamais en vain la puissante avocate des désespérés. Le feu qui redoublait d'intensité s'arrête soudain, et le vent, changeant brusquement de direction, emporte les flammes de l'autre côté.

La sainte Vierge garda comme un souvenir du prodige pour les âges futurs, le sceptre chéri. Il devint encore mille fois plus précieux qu'auparavant pour tous les élèves de la maison. On le retrouva intact au milieu de l'immense brasier, et l'enthousiasme des séminaristes ne connut plus de bornes.

Tous voulurent le voir et le vénérer. Une procession solennelle s'organisa et chacun baisa avec respect le sceptre miraculeux.

Notre-Dame du Sceptre resta en vénération, aux Sables, non seulement au séminaire, mais encore dans toute la population, pleine de foi et de piété.

Le vénéré M. Dalin, après avoir été supérieur général des Filles de la Sagesse, à Saint-Laurent-sur-Sèvre, devint curé de la Flocellière, une des excellentes paroisses de notre Bocage vendéen. Il y est mort vers l'année 1884.

En 1875, ce saint et savant prêtre célébra ses noces d'or avec un éclat et une pompe extraordinaires. Ce fut une fête vraiment touchante. Par un sentiment bien délicat de M. l'abbé Laporte, ancien professeur aux Sables, sous le supériorat de M. Dalin, le sceptre qui n'était jamais sorti des murs du séminaire, se trouva ce jour-là aux pieds de la statue de Notre-Dame de Lorette, dans la chapelle élevée par les soins de M. le curé de la Flocellière. Ce sceptre béni resta exposé toute la journée. On put le voir, le toucher, le baiser.

M. Dalin fut profondément ému en voyant cet objet saint, qui lui rappelait en même temps que ses jeunes années, la miraculeuse protection de la Mère de Dieu. L'on eut besoin de se souvenir que l'on était dans l'église, pour ne pas couvrir d'applaudissements le prêtre qui avait eu cette délicieuse inspiration.

MARIE DANS LE LANGAGE POPULAIRE DES VENDÉENS.

La piété de nos Vendéens envers la sainte Vierge est devenue légendaire. Tout le monde le sait, c'est le chapelet à la main qu'ils marchaient au combat.

Marie a été la joie du Vendéen. Elle l'a consolé en ses malheurs, l'a relevé dans ses défaillances. C'est aux pieds de Marie que nos aïeules allaient confier leurs joies et leurs peines, exposer leurs craintes et leurs espérances.

Le souvenir de Marie dominait complètement la vie vendéenne, et nos pères ne faisaient rien sans son intervention. Cette dévotion à Marie, qui s'est manifestée par tant de pèlerinages qui ont fleuri sur notre sol si chrétien, avait pénétré jusque dans le langage, expression des pensées habituelles. La bouche, selon le proverbe, ne parle-t-elle pas de l'abondance du cœur ?

Il nous est doux à nous, prêtre et enfant de Marie, de rechercher les locutions populaires, que l'amour de cette bonne Mère a fait éclore sur les lèvres de nos Vendéens.

Il devient rare, mais il ne l'était pas encore, il y a peu d'années, d'entendre répéter, dans un sentiment d'admiration ou seulement de surprise et de bruyante hilarité, ces mots : *Jésus ! Marie !* ou plutôt, comme d'un seul mot : *Oh ! Jésus-Maria !*

Le terme le plus ordinaire pour désigner Marie était celui de *Notre-Dame.*

Il devait plaire, ce titre, à nos ancêtres dont l'âme était si chevaleresque, et qui trouvaient leur honneur à saluer ainsi Celle qu'ils regardaient comme leur Reine. Par là, ils affirmaient hautement leur loyale fidélité, leur confiance et leur amour.

Notre-Dame, c'était la maîtresse de tous, la dame par excellence. Voilà pourquoi, au lieu de dire, comme les Italiens: *Madonna*, *Madame*, nos Vendéens disaient, eux : *Notre-Dame*. Dans leur amour pour Marie, il la proclamaient ainsi la Reine de tous les cœurs, la maîtresse universelle, reine du pauvre paysan aussi bien que du puissant seigneur.

Dans un moment de surprise ou d'étonnement, cette exclamation : *Dame !* s'est probablement échappée, plus d'une fois, de vos lèvres.

Un érudit vendéen, M. Grimouard de Saint-Laurent, l'a fait dériver du nom de *Notre-Dame*, si souvent répété par nos aïeux. Voici ce que dit cet écrivain : « Quant à la preuve, elle nous a été donnée par quelques vieillards que personnellement nous avons entendus se servir encore de cette forme : *Tredam !* Quelques autres l'abrégeaient et disaient seulement: *Tré !* qu'ils employaient surtout pour marquer l'étonnement, dans un sentiment de joie plutôt que de peine. » Les uns et les autres ne comprenaient très probablement plus la valeur primitive de ces locutions.

Une autre expression pour désigner Marie est restée très populaire en Vendée ; et, de nos jours encore, les Vendéens appellent surtout Marie : *la bonne Vierge*. Ils aiment à dire : *la bonne Vierge*, comme ils disent : *le bon Dieu*, ne séparant pas, pour ainsi dire, l'un de l'autre. Ils semblent ainsi avoir le sentiment de cette grande vérité de la coopération de Marie à l'œuvre de son divin Fils, en tout ce qui concerne notre salut et la dispensation de la grâce.

Dans ma jeunesse, j'ai entendu, assez souvent, des vieillards répéter cette locution : *Merci le bon Dieu ! Merci la bonne Vierge !* On l'intercalait dans les phrases avec le sens de : *Grâce à Dieu !* en rapportant un événement heureux, et surtout si l'on venait à échapper à quelque malheur.

Ce dernier et touchant usage nous rappelle le vénérable

Père Baudouin, ce saint prêtre qui est né sur la terre vendéenne, et que nous verrons un jour, nous l'espérons, sur les autels.

Dans les jours malheureux de la Révolution, le Père Baudouin avait été exilé en Espagne. Il avait remarqué une pieuse

coutume qui avait vivement frappé son cœur, si rempli d'amour envers la très sainte Vierge. Quand deux Espagnols se rencontraient, l'un disait : *Je vous salue, Marie très pure*, et l'autre répondait : *Conçue sans péché.*

Le Père Baudouin, qui saisissait avec bonheur toutes les occasions d'honorer la Vierge Immaculée, s'empressa d'adopter cette sainte pratique, et il en a été depuis le zélé propagateur dans notre cher pays.

Autour d'eux, nos Vendéens aimaient à placer le souvenir de leur bonne Mère. Tout ce qu'il y avait de plus gracieux dans la nature, tout ce qui apparaissait avec un caractère de pureté, s'appelait de son nom ou devenait un de ses emblèmes.

Ces légers flocons de toiles d'araignée, blanchis sous l'action de la rosée, que vous voyez voler dans les champs, à la fin de l'été, par un beau soleil, c'est *le fil de la bonne Vierge ;* et lorsqu'ils s'étendent çà et là, on dit que *la bonne Vierge file.*

D'aucuns m'ont assuré que, dans certaines localités de notre Vendée, la voie lactée est connue sous le nom de *chemin de la bonne Vierge.*

Une plante du genre des *cedums,* qui, arrachée et suspendue à la charpente de la maison, continue de verdir et de pousser des racines, c'est *l'herbe de la bonne Vierge ;* elle sert à écarter du logis toute action malfaisante.

Les plus belles fleurs s'appelaient : la *Rose de la Vierge ; les Gants de Notre-Dame.*

Les grands savants de nos jours ont cru mieux faire de substituer au souvenir de Marie, des souvenirs tout profanes et parfois ridicules.

C'est la remarque que fait Montalembert, dans une note que nous voulons reproduire :

« Ainsi la fleur qui dans toutes les langues de l'Europe s'appelait le *Soulier de la Vierge,* a été nommé : *Cypripedium Calceolus.* Citons encore un exemple notable de grossier matérialisme qui distingue ces nomenclatures brutales. Tout le monde connaît cette charmante fleur bleu-de-ciel, « dont les lobes arrondis semblent un feston d'azur autour d'une auréole d'or ». que les Allemands nomment : *Ne m'oubliez pas,* et qui, en France, avait reçu le nom de : *Plus je vous vois, plus je vous aime*, et plus généralement encore celui des *Yeux de la sainte Vierge*. Le pédantisme moderne a remplacé ces doux noms par celui de *Myosotis scorpioïda*, c'est-à-dire, en propres termes : *Oreille de souris à physionomie de scorpion !* et voilà ce qu'on appelle le progrès des sciences (¹).»

«Simplicité sublime et intelligente, remarque le cardinal Pie, qui touchait aux idées les plus relevées, qui restaurait la création dégradée par le péché ! Admirable économie qui rendait aux créatures une voix pour nous élever à Dieu, et qui les embellissait elles-mêmes, en leur prêtant une pensée sacrée (²) !»

Puissse cet article, en nous rappelant l'amour de nos aïeux pour Marie, avoir quelque peu avivé cet amour dans nos cœurs !

Cette dévotion à Marie est une des plus belles parts de l'héritage sacré, que nous ont légué nos héroïques ancêtres. Il ne périclitera pas entre les mains de leurs enfants, et toujours Marie sera la reine des cœurs vendéens.

Puissent aussi notre foi et notre amour attirer de plus en plus sur notre cher pays les regards de la Vierge bénie, de celle dont le ciel et la terre répètent à l'envi le nom !

> ...... Le beau nom de Marie,
> Nom que j'aime d'enfance avec idolâtrie,
> Le plus doux qui, tombé des campagnes du ciel,
> Sur une lèvre humaine ait répandu son miel ;
> Nom céleste, créé d'un sourire des anges
> Pour en parer un jour la fleur de leurs phalanges :
> Marie ! O nom divin ! Étoile du pécheur,
> Rose du paradis, baume plein de fraîcheur,
> Qui parfume le monde et qui révèle aux âmes
> La femme la plus pure entre toutes les femmes (³).

---

1. *Introduction à l'histoire de sainte Élisabeth de Hongrie*, p. 105.
2. *Œuvres sacerdotales*, t. I, p. 211.
3. *La Tentation*, Aug. Barbier.

LE SCAPULAIRE DÉCHIRÉ.

L E fait tout à l'honneur de notre religieuse Vendée s'est passé, à Froidfont, au village de la Caltière en 1867, et confirme ce que nous avons dit dans le chapitre précédent.

On battait le blé dans l'aire de la veuve Blanchard, avec un manège traîné par des bœufs. Environ 30 travailleurs étaient réunis; parmi eux, un jeune homme et une jeune fille de la paroisse de Touvois (diocèse de Nantes).

Il prit envie à ces deux étourdis de couper en pièces un scapulaire qu'une petite fille portait en l'honneur de la sainte Vierge; les morceaux sont jetés dans l'aire. La petite fille Jaunâtre pousse des cris d'indignation. En l'entendant se lamenter, les travailleurs arrêtent le manège. Tous sont irrités de la profanation; on tient conseil. Le père de la petite fille prononce les paroles suivantes :

« On vient d'insulter la sainte Vierge; nous ne pouvons le souffrir. Nous en serions peut-être punis. Si vous voulez, prenez ce gars et cette fille, chassons-les de la Caltière; conduisons-les jusqu'au ruisseau de la paroisse de Touvois et qu'ils ne reparaissent jamais chez nous ! »

C'est ce que l'on fit immédiatement.

Trois vigoureux gaillards conduisirent les coupables aux limites de la paroisse, pendant que dans l'aire, les travailleurs tombaient à genoux, et la veuve Blanchard leur faisait réciter tout haut un *Pater* et un *Ave*, pour réparer l'injure faite à la sainte Vierge (1).

1. *Semaine Catholique de Luçon*, année 1889, p. 1195.

BRAVES VENDÉENS.

Notre chère Vendée, si riche en héroïques dévouements, en vaillance, en générosité, ne l'est pas autant du côté purement matériel. La misère s'assied souvent à bien des portes. Que de pauvres familles pleurent en attendant le pain de chaque jour ! Que de mères infortunées souffrent le martyre de la faim, pour donner à leurs enfants la bouchée nécessaire à entretenir leur frêle existence !

Rappelez-vous l'hiver de 1870. Il faisait bien froid. Le vent mugissait à travers les arbres dépouillés, et son souffle glacé gelait tout ce qu'il effleurait.

Un pauvre bûcheron du Bocage vendéen avait chez lui la misère pour principale hôtesse. Il était père d'une nombreuse famille. Sa pauvre femme dans un galetas sans feu, travaillait jour et nuit, et n'arrivait pas à gagner pour chacun de ses enfants le pain quotidien ; les larmes de toutes ces innocentes créatures lui déchiraient le cœur.

Le malheureux bûcheron était ce jour-là bien fatigué de la vie. N'y a-t-il pas des heures où le courage nous abandonne, heures douloureuses où le fardeau de nos maux semble nous écraser ? Il était plongé dans les plus tristes réflexions, cherchant une issue pour sortir de ce dédale affreux, lorsqu'au détour du chemin, il aperçut le fermier voisin revenant du moulin.

Évidemment celui-ci était heureux, sa figure joviale le disait assez. Pour les cœurs meurtris, le bonheur des autres semble souvent une insulte.

Notre pauvre bûcheron, en voyant le fermier monté sur un cheval chargé de farine, se sent mordu au cœur. « Lui, au moins, il a de quoi manger, se dit-il, et moi ?... »

Égaré par le chagrin, par la faim dévorante qui le torture,

il ne calcule plus; il lève son bâton, et jurant après le fermier, le somme de lui donner sa farine.

Le cavalier très vigoureux ne se déconcerte pas. Il met pied à terre, saisit son agresseur au collet, le terrasse, et avec un calme peu méritoire, car il sentait sa force, il lui dit :

« Tu vois qu'il ne tient qu'à moi de t'assommer. Parle, que veux-tu ?

— Assomme-moi, répond le malheureux bûcheron, ou alors donne-moi ta farine. Il me la faut absolument, car je meurs de faim, moi, ma femme et mes enfants. Peu m'importe la vie dans de pareilles conditions. »

Le fermier, vivement ému de cette plainte tardive, dégage aussitôt sa victime et lui dit doucement :

« Mon pauvre ami, tu meurs de faim, c'est une autre affaire ; pourquoi ne l'avoir pas dit avant de m'attaquer ? Que penses-tu donc de te faire voleur ? Nous avons ici-bas un long chemin à parcourir, les uns le font un peu plus gaiement, les autres tristement. Mais nous sommes tous frères. Qu'avais-tu donc à redouter de moi ? Reste bon, va, c'est la meilleure richesse, la pauvreté n'est qu'un malheur auquel le vol n'apporte aucun remède. Tiens, prends mon sac, je te le donne. Je vais le charger sur ton dos. Sauve-toi et ne dis mot à personne. »

Pendant ce colloque, tout à la louange de notre charitable fermier vendéen, le cheval, allégé de son fardeau, échappe à son maître et arrive au galop dans la cour de la ferme.

Grand émoi chez ces braves gens ! Pourquoi le cheval et pas de cavalier ? La fermière, éperdue, croyant son mari mort, pousse des cris lamentables et se précipite vers le moulin. Les enfants vont et viennent dans toutes les directions au secours de leur père ; les serviteurs alarmés s'assemblent et entourent leur maîtresse. Tous les cœurs battent à l'unisson, tous tremblent pour la vie du pauvre fermier.

Celui-ci n'était pas bien loin, et ne se doutait pas certainement de la consternation qu'avait jetée à la ferme l'arrivée de sa monture.

Il revenait tranquillement, le cœur joyeux de sa bonne action, rêvant au malheureux qu'il avait failli assommer, lorsque sa femme l'aperçut.

Elle allait commencer son interrogatoire, mais son mari lui imposa silence. Il n'était point orgueilleux, et sa générosité ne demandait point d'admirateurs.

Quand les gens de la ferme se furent dispersés et qu'ils se trouvèrent seuls, le brave Vendéen mit sa femme au courant de l'histoire. Il lui représenta le bûcheron pâle, maigre, et il ajouta : « Il faut que le pauvre homme soit bien dans le besoin pour être venu s'attaquer à moi. Il aurait pourtant dû voir qu'en force, je lui étais quatre fois supérieur. »

Sa femme l'écoutait en silence. Le récit de son mari l'émut profondément, car les âmes charitables se comprennent et s'approuvent. Tout en écoutant, elle cherchait le moyen de compléter la bonne œuvre du fermier.

Aussitôt rentrée au logis, par un élan spontané de son bon cœur, elle prend un pain qu'elle cache soigneusement dans son tablier et dit à son mari : « Puisqu'ils ont si faim, ils ne pourront pas attendre que la pâte soit levée, et le pain cuit. » Et la voilà qui court chez la malheureuse famille.

L'or et la gloire ne rendent pas heureux ici-bas. Mais dans cette ferme cachée sous le feuillage épais des chênes, sous ce vieux toit couvert de mousse et couronné de lichens, devait régner un bonheur parfait, car la charité la plus pure y habitait.

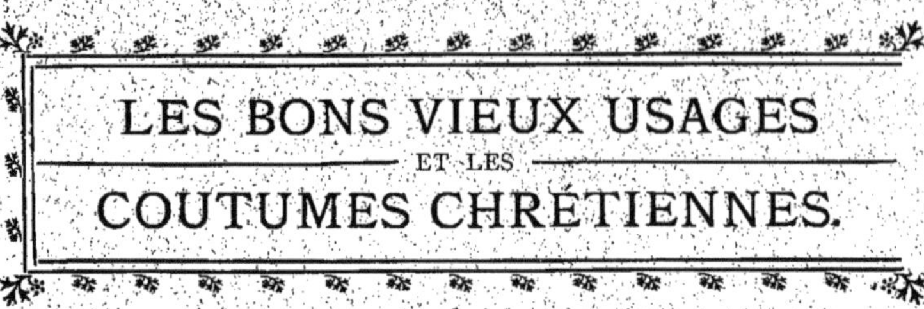

I

ADIEU.

Aujourd'hui encore dans une partie de la Vendée, qu'on appelle le marais de l'Ouest ou de *Saint-Jean-de-Monts*, il existe une formule d'adieu tout à fait particulière et qu'on ne manque pas d'employer, en se séparant, dans les bonnes familles du pays.

« *Restez au bon Dieu !* » dit la personne qui s'en va ;

« *Merci ! allez à sa Mère !* » répond celle qui demeure ;

« *Nous serons bien tous les deux !* » ajoutent-elles ensemble.

Quel esprit de foi dans ce colloque !

Une autre habitude de la même région veut que, la première fois qu'on se rencontre après l'ouverture du Carême, on s'adresse réciproquement ce salut : *Je vous souhaite une bonne quarantaine !*

Combien de personnes prononcent ce mot : *Adieu*, sans se rendre compte de sa signification ! Il a été introduit par la langue chrétienne dans les habitudes journalières de la vie par nos pieux ancêtres, dont le cœur était rempli de foi en Dieu et de charité pour le prochain. Dans leur pensée, ce mot *Adieu*, dit à un parent, à un ami, à un étranger, au moment où ils prennent congé de lui, voulait dire : Je vous quitte, mais je ne vous laisse pas ; *je vous confie* à Dieu, à sa bonté, à sa puissance, à son adorable Providence, afin qu'elle veille sur vous, écarte de vous tout danger, vous comble partout où vous irez de ses faveurs et de ses bénédictions.

Puissent ces pieux usages ne jamais disparaître de notre chère Vendée !

II

PREMIÈRE COMMUNION.

NOIRMOUTIER, au pensionnat des Ursulines de Jésus, dans une des classes où se trouvent les élèves qui se préparent au *Grand Jour*, la maîtresse choisit et met en réserve, chaque année, une certaine quantité de froment. Tous les jours, un nombre de grains, proportionné au mérite, est offert en récompense aux enfants qui ont accompli le mieux possible les divers devoirs de la journée. Ces grains de blé, réunis et précieusement conservés, sont moulus et préparés à part et servent à faire les pains d'autel, qui seront consacrés à la messe de première communion.

Il nous semble que Notre-Seigneur doit être sensible à cette délicate et ingénieuse dévotion, et que les enfants doivent trouver dans ce pieux usage, un continuel encouragement au travail et à la vertu.

III

LA SAINTE EUCHARISTIE.

A PROPOS de la communion, citons pour l'édification des lecteurs de bien touchantes paroles.

Dans certaines paroisses très religieuses de notre Bocage vendéen, nos pieux paysans pour dire qu'ils ont reçu la sainte Eucharistie, aujourd'hui encore, s'expriment ainsi :

« *Ce matin, j'ai fait mon bon jour.* »

Oh ! oui, braves gens, malgré la fatigue et les privations de la vie, vous avez bien raison d'appeler le *bon jour*, celui où Dieu se fait l'hôte complaisant de notre misère.

Souvent, j'aime à évoquer le réconfortant souvenir de quelques-uns de ces fervents agriculteurs, dont la foi antique était la grande et vraie noblesse. Quand ils songeaient à s'approcher de la table sainte, ils n'en dormaient pas d'émotion. Ils se levaient avant l'aurore pour prier, se rendaient de bonne heure à l'église pour réciter leur chapelet ou faire le chemin de croix, et eux, si simples dans leur costume, se paraient avec recherche, pour montrer leur respect au Dieu de l'Eucharistie.

IV

LE SAINT-VIATIQUE.

PIEUX ET VIEIL USAGE DE FROIDFONT [1].

QUAND le prêtre porte le Saint-Viatique aux malades, tous les habitants du village où se trouve le malade viennent au-devant du Saint-Sacrement, quelquefois à une distance assez éloignée.

Il y a quelque chose de touchant à voir ces bons villageois, hommes, femmes et enfants, accourir au-devant du bon Jésus. La maison du malade est bien ornée ; ce qu'il y a de plus beau dans le village y est transporté. Quand la saison le permet, le sol de la maison est parsemé de fleurs, ainsi que le sentier que doit suivre le prêtre à l'approche de la maison.

Mais voici mieux : lorsqu'un farinier s'aperçoit que le prêtre, portant le bon Dieu aux malades, va passer à une petite distance de son moulin, vite il arrête son moulin ; puis, si le vent n'est pas trop fort, il tourne les ailes du moulin de manière à ce qu'il présente le front droit sur la route où passe le prêtre.

C'est une manière de saluer, de rendre hommage au Saint-Sacrement, au Dieu puissant qui commande aux vents et aux tempêtes. Le moulin reste ainsi disposé tant que le fermier aperçoit le prêtre, puis, après ce salut d'honneur, le moulin reprend sa marche. Le lundi, 5 février 1877, les moulins du calvaire et de Moscourit firent simultanément cette évolution, au moment où M. le curé de Froidfont portait le bon Dieu à l'un de ses paroissiens.

---

1. *Semaine catholique de Luçon*, 1889. Papiers de M. l'abbé Milcent, ancien curé de Froidfont, communiqués à la *Semaine catholique*.

RUINES DE BELESBAT.

A QUELQUES kilomètres de Talmont se trouvent deux petits bourgs: Jard et Saint-Vincent, reliés par un territoire auquel on a donné le nom de Bélesbat, c'est-à-dire : *Ville de plaisirs*.

Cette dénomination n'était pas sans fondement, car nul lieu sur terre ne rivalisait avec Bélesbat pour la débauche et le libertinage. Les fêtes s'y renouvelaient sans cesse, et des curieux de tous pays y accouraient en foule. Les orgies succédaient aux orgies, et comme autrefois, les cinq villes coupables, Bélesbat appelait sur elle la colère du ciel. Le feu qui détruisit Sodome et Gomorrhe avait encore là une proie à saisir.

Voici ce que raconte la légende :

Un jour, une grande fête est organisée à Bélesbat. On en parlait à vingt lieues à la ronde, et un nombre considérable d'étrangers s'y étaient donné rendez-vous.

Au milieu des gens heureux, se rencontre toujours quelque misérable. Un pauvre pêcheur, ce jour-là, presque mourant de faim, espérant trouver bonne aubaine, vient frapper à l'une des portes de cette ville enchanteresse.

On le reçoit avec un vif empressement. Le malheureux se sent soulagé déjà par cet excellent accueil. On l'introduit dans une des salles tout resplendissantes d'or, de pierreries et de lumières. Il parvient ainsi jusqu'à un brillant appartement, où un festin somptueux attend de nombreux convives.

L'étranger reste seul, pendant que les gardiens vont chercher de nouveaux visiteurs. Un sentiment de curiosité anime le pauvre pêcheur, si peu habitué à un tel luxe. Il oublie sa faim dévorante, et passe en revue le lieu où il se trouve.

Tout d'abord, une petite porte dérobée attire son attention; sans bruit il l'entr'ouvre seulement. Quelle est sa stupeur!

Cette porte donne accès sur de vastes cours, entourées de hautes murailles. Là, sont jetés pêle-mêle des ossements humains: jambes, bras coupés par morceaux, cadavres mutilés, têtes sanglantes, etc... Le sol en est jonché.

Le pauvre homme, à cette vue, sent ses jambes fléchir. Quel sort l'attend dans ce lieu du crime ? Qu'est-il venu chercher au milieu de ces cadavres? la mort, sans aucun doute.

Il ne perd pas un instant ; avec un sang-froid étonnant en pareille circonstance, il va prévenir ses hôtes et leur déclarer qu'il veut d'abord ramasser en lieu sûr ses filets de pêcheur, — toute sa fortune, — puis il reviendra sur l'heure prendre son repas.

Une fois sorti de ce lieu maudit, l'infortuné visiteur se précipite dans la forêt, pousse un cri d'alarme, réclame le secours de toutes les autorités divines et humaines. Cette voix se fait entendre au loin, et de tous côtés arrive une foule énorme, impatiente de cerner Bélesbat. La ville est promptement envahie. Les druides en tête la parcourent en tous sens, appelant sur cette société coupable les châtiments célestes.

Aussitôt la mer, obéissant à l'ordre du grand Créateur, commence à s'agiter, à bouillonner, et, soulevée par une soudaine et effroyable tempête, engloutit en un instant la cité infâme. Le feu du ciel consume ce qu'il en reste, et une pluie de sable achève sa destruction...

La ville de Bélesbat n'a jamais été rebâtie. La main foudroyante de la mort y planera, sans doute, jusqu'à la fin des siècles Les palais renversés ont fait place aux ronces, aux chardons, aux broussailles. Seuls, les esprits ou farfadets y viennent encore chercher la trace des richesses englouties

Des pierres druidiques attestent que ce pays fut autrefois habité. Les apôtres de l'antique Vendée, S. Martial, S. Hilaire et S. Martin venaient, dans ces régions, dresser leurs autels et bâtir des temples au vrai Dieu.

Tout près de là, au bourg de Jard, M. de Rochebrune découvrit, le 29 juillet 1878, la curieuse sépulture d'un légionnaire romain.

Des restes de construction témoignent aussi de l'existence d'une station romaine, en cet endroit.

La commune de Saint-Vincent garde encore le souvenir de l'ancien culte druidique, dans les noms de la Garne, du Champ des fées et de la Chapelle des fées.

Il est donc difficile de méconnaître sous ces ruines de Bélesbat, les vestiges d'une grande cité antique, maintenant enfouie sous des montagnes de sable, foudroyée par le Dieu vengeur, qu'on ne brave pas impunément.

Selon certains érudits, la cité de Bélesbat n'a point été submergée par les eaux vengeresses. Elle n'a même jamais existé. Pour nous, humble et crédule disciple des vieux légendaires, nous répétons :

> Si quelque enseignement se cache en cette histoire,
> Qu'importe, il ne faut pas la juger, mais la croire.
> La croire ! Qu'ai-je dit ? Ces temps sont loin de nous !
> Ce n'est plus qu'à demi qu'on se livre aux croyances.
> Nul, dans notre âge aveugle et vain de ses sciences,
> Ne sait plier les deux genoux.

LA LÉGENDE DE SAINT JOUIN.

Tous les catholiques, et surtout les Poitevins, connaissent le grand saint Hilaire, qui restera à jamais la gloire et la splendeur de l'Église. Mais son disciple, saint Jouin de Marnes, a une réputation moins étendue. Pourtant dans le Poitou et dans la Vendée, son culte est encore en honneur de nos jours. A Luçon, nous faisons son office et célébrons sa fête le 1er juin.

De l'abbaye de St-Jouin de Marnes, dépendaient autrefois un certain nombre d'églises et prieurés de notre diocèse.

La légende de S. Jouin s'est conservée dans les traditions de notre pays.

S. Jouin était l'élève le plus assidu de la célèbre école ouverte, à Poitiers, par S. Hilaire. Naturellement studieux, il la fréquentait régulièrement. Il puisait à cette sainte école autant de vertu que de science. Il ne s'en retournait jamais de Poitiers à Loudun, où habitaient ses parents, sans avoir augmenté considérablement son bagage de mérites devant Dieu.

Mais quand il effectuait le voyage en sens inverse et revenait de Loudun à Poitiers, il avait l'habitude de faire sa petite halte près du village de Marveause.

Là se dressait un orme magnifique au vaste ombrage, sous lequel S. Jouin aimait à se reposer et à dormir.

On ne sait pourquoi le diable rôdait souvent en cet endroit. Sans doute, il y avait semé plus d'une fois ses conseils perfides, car il paraissait un habitué du lieu.

Aussitôt donc qu'il voyait le jeune homme endormi, il arrivait sans bruit. Il savait à qui il avait affaire. Il connaissait la réputation de vertu du pieux adolescent, aussi il ne songeait

guère à trouver accès dans son cœur. Il entrait tout simplement dans sa poche et lui enlevait sa bourse. Il comptait par
là empêcher le saint enfant de continuer son voyage, et par
conséquent, pensait le priver des instructions chrétiennes de
son illustre professeur.

S. HILAIRE.

Bien des fois déjà il avait répété cette manœuvre, mais sans
aucun succès.

L'homme ne vit pas seulement de pain. Jouin en plus se
rappelait cette parole du Saint Évangile : « Cherchez d'abord

le royaume de Dieu et sa justice, et tout le reste vous sera donné par surcroît. » Il continuait donc son chemin sans se préoccuper de sa pauvreté.

Mais S. Hilaire, instruit de la chose, voulut s'assurer de la vérité du fait. Il alla, un jour, au devant de son disciple et arriva juste au moment où le diable dépouillait le jeune saint endormi.

Saint Hilaire était monté sur une mule. La pauvre bête eut un tel effroi à l'aspect du diable, qu'elle se cabra et frappa de son pied une pierre qui se trouvait là.

La légende raconte que cette pierre garda toujours l'empreinte du coup. Jusqu'à la fin du dernier siècle elle resta placée au pied d'une croix, que l'on avait plantée en ce lieu, comme souvenir. Aujourd'hui encore, ce lieu s'appelle le *Pas de la mule*.

Peu à peu l'aspect du pays changea, et on abattit l'orme de S. Jouin. La croix édifiée pour le remplacer effraya le diable qui, s'il venait encore, se tenait toujours à distance.

S. Jouin continua à profiter amplement des leçons de S. Hilaire. Le diable ne le volait plus, et ses parents jouissaient d'une certaine fortune. Quand il se vit le maître absolu de ses biens, il jeta les fondements d'un monastère, qui devint sous son nom un des plus célèbres du diocèse ([1]).

Après les invasions normandes, les bénédictins occupèrent cette abbaye. Elle prospéra peu d'années. Plus tard, elle fut saccagée et pillée par son propre abbé, qui s'était fait calviniste.

Les moines revinrent peu à peu, et cherchèrent à effacer le souvenir de cette rébellion par l'austérité et la sainteté de leur vie.

En 1793, de nouveau, ils furent dépouillés et chassés. Les

---

1. S. Jouin-de-Marnes n'est plus aujourd'hui qu'un petit bourg du canton d'Airvault (Deux-Sèvres).

révolutionnaires détruisirent l'abbaye. L'église seule est restée debout. Elle rappelle la science, l'amour des arts et la piété de ces bons religieux persécutés.

Cette belle église des XIe et XIIe siècles, assez bien conservée, attire l'attention de l'archéologue par sa façade, l'une des plus remarquables qui nous restent de l'époque romane.

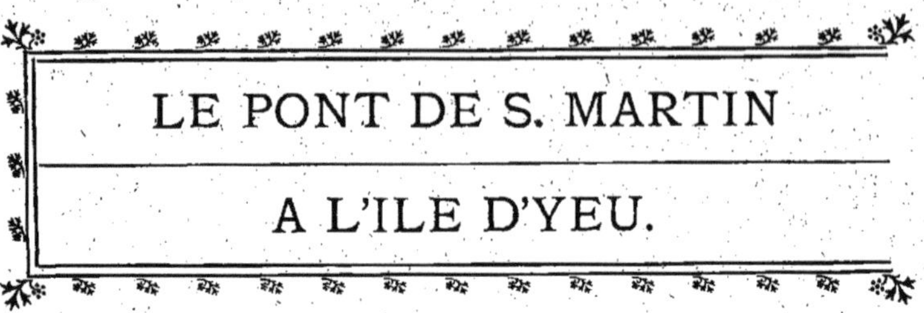

LE PONT DE S. MARTIN

A L'ILE D'YEU.

PAR le chemin qui mène à la ville, un voyageur, à la mine sinistre, marchait seul.

S. Martin arrivait, ce jour-là, à la limite occidentale du Bas-Poitou. Il formait le projet de porter jusqu'à l'Ile d'Yeu la lumière de l'évangile.

Le zèle du grand apôtre n'était jamais satisfait. Des âmes! des âmes! il en cherchait, il en trouvait, et il en voulait encore! Mais comment se rendre à l'Ile d'Yeu, séparée du continent par l'Océan ?

Le bon S. Martin était très puissant pour ramener à Dieu les pauvres âmes égarées, mais pas assez encore pour bâtir, en quelques instants, un pont au milieu des eaux, pas davantage pour traverser l'Océan. Or, pas de bateau !

Il aurait bien voulu trouver un passage tout tracé comme autrefois Moïse au milieu des eaux du Jourdain, mais Dieu a ses moments et ses heures. Son mérite, du reste, en eût été beaucoup diminué.

« Aide-toi, le ciel t'aidera » S. Martin connaissait cette maxime et voulait, en effet, trouver lui-même le moyen de se rendre à l'Ile d'Yeu. Il désirait acheter les âmes qu'il ramenait, par les peines, les travaux, les sacrifices de tout genre.

Il songeait à tout cela quand il aperçut le fameux voyageur. Il s'approcha de lui : son visage était farouche ; sous d'épais sourcils hérissés, ses yeux brillaient comme des escarboucles. Un affreux sourire plissait sa bouche, et ses cheveux se tenaient raides sur son front. Une sueur infecte ruisselait sur son visage. S. Martin trembla et réfléchit en suivant cet étrange promeneur.

Celui-ci chantait une chanson sur un air inconnu, qui aurait donné la peur aux plus braves. Le démon! se dit le Saint. C'est mon affaire. Je vais le faire travailler pour moi !

Il l'aborde et lui demande ce qu'il cherche de par la ville.

« Je cherche comme toi, répondit Satan, en poussant un rire sardonique, des âmes à convertir. Je n'en trouve pas à

S. MARTIN.

toutes les portes, et ses traits hideux se contractèrent un instant ; mais je continue ma tournée, et ce soir, j'espère, mon maître sera content. »

Certes, l'envoyé de l'enfer n'était pas l'ami du bon S. Martin, néanmoins, ils firent un peu route ensemble, ce jour-là.

« Voudrais-tu bien, lui dit le Saint, me bâtir un pont de

15 milles de longueur pour passer de ce rivage à l'Ile d'Oia (¹) ?

— Peut-être, répond le malin, mais tu sais qu'il me faut de l'or.

— Je suis pauvre, lui dit Martin, de l'or, je n'en ai pas. Mais que voudrais-tu en échange ?

— Tu as là un beau moulinet de glace, et j'ai le corps brûlé par le feu. Je suis comme dans une fournaise, cela me rafraîchirait, donne-le-moi ; et puis il me faut une âme. Elle vaut encore mieux que l'or, promets-moi la première qui passera sur le pont dès qu'il sera achevé. »

S. Martin sentit le sol trembler sous ses pas. La pensée d'une âme gagnée à Satan réjouissait, sans doute, tous les damnés de l'enfer ; les arbres frémissaient, et l'herbe pressée par le pied du diable devenait noire, comme si elle eût été brûlée par une pluie de charbons ardents.

« Tu veux la première âme qui passera sur le pont, dit S. Martin, tu l'auras ; mais à une condition, c'est que le pont sera terminé dès cette nuit, avant le chant du coq.

— C'est bien, dit l'entrepreneur infernal. Accepté ! »

Le marché conclu, Satan convoqua immédiatement toute sa cohue de réprouvés. Il fallait beaucoup de bras, pour achever une œuvre semblable, en si peu de temps.

Aussitôt, des légions d'esprits infernaux accourent en foule ; les lutins, les farfadets, même les fées du pays viennent s'y joindre. Les pierres, les rochers se déplacent et se replacent activement. Les ouvriers sont diligents ; il faut que le pont soit achevé avant le chant du coq. On entend les vociférations de cette bande maudite. Leurs cris retentissent de la Barre de Mont jusqu'à Bourgneuf, jusqu'aux Sables d'Olonne, et dans le Bocage, jusque sur les hauteurs de Pouzauges, et vont se

---

1. L'île d'Yeu était appelée Oyä chez les Celtes, Oia chez les Romains, Oys au moyen âge, d'où son nom actuel de l'île d'Yeu.

répercutant au delà même de la Vendée, et jusque sur les collines de Beaupreau et les bords de l'Èvre.

Toute cette troupe de maçons diaboliques travaille avec une vigueur surprenante ; en un clin d'œil, ils transportent comme en se jouant des montagnes de pierres.

Déjà le travail est à moitié fait. Satan, dans sa ruse, a enivré le coq. Il compte que son réveil aura lieu plus tard que de coutume, et jouit déjà de son triomphe. Mais Dieu veille sur les siens, et la cause de Martin est trop louable pour ne pas être partagée du ciel.

Le coq, brouillé avec les heures par suite du breuvage enivrant que lui a fait avaler Satan, se met à chanter au milieu de la nuit. Le diable est pris dans ses propres filets.

Le miracle alors vient du ciel. Au premier chant du coq, tous les bras par l'effet d'une puissance invincible restent suspendus. Les rochers se placent d'eux-mêmes à l'endroit où ils sont encore aujourd'hui.

Le pont ne fut donc pas achevé. Mais le diable espérait, le matin, voir apparaître S. Martin, quand il viendrait visiter ses travaux. Aussi guettait-il sa proie.

Le Saint avait tout prévu. Il vint, en effet, et Satan s'avançait au-devant de lui en ricanant de rage. Mais voilà qu'au moment où il allait saisir sa victime, il s'arrête en frémissant, et recule épouvanté. Qu'avait-il vu ? Quelle force peut faire trembler le prince des ténèbres ?

Il avait vu, sur la poitrine de l'apôtre, briller un crucifix. L'action du démon finit devant cette auguste image. Aussi courut-il cacher sa honte dans la forêt de l'Ile d'Yeu.

Satan était encore une fois battu par le grand thaumaturge des Gaules.

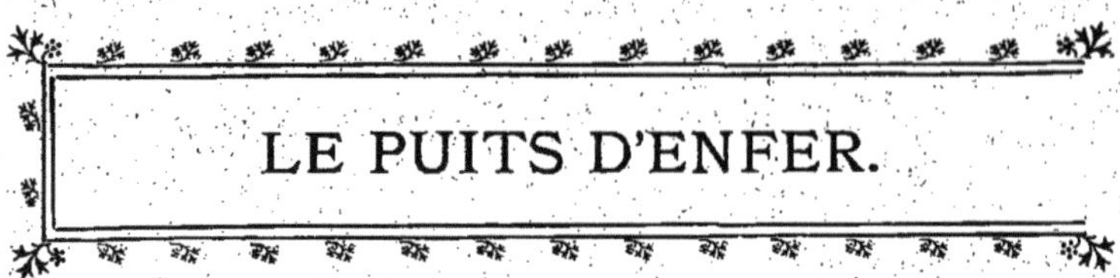

L A plage des Sables d'Olonne est assurément une des plus remarquables de France, et peut-être d'Europe par son étendue et sa beauté. Elle forme une immense arène, un arc de cercle allongé, dont l'œil des spectateurs placé à une extrémité, près des jetées, par exemple, a peine à embrasser la superficie. Le sable le plus doux et le plus fin s'étend comme un tapis jusqu'à la mer, qui se prolonge en pente insensible sous la mer même.

Les étrangers peuvent faire une belle promenade en s'éloignant, le long de la côte, à gauche des Sables, au delà du quai de Francqueville, de la batterie de l'Estacade et du Château d'eau.

On arrive ainsi à deux ou trois kilomètres des Sables, et l'on se trouve en présence d'un de ces tableaux de la nature, qui vous impressionnent à jamais.

Par derrière, la magnifique forêt de pins de la Rudelière, et un peu au delà, les ruines de l'abbaye bénédictine de St-Jean d'Orbestier, fondée en 1007 par Guillaume V, duc d'Aquitaine, et saccagé en 1577 par le vandalisme huguenot.

En face, l'Océan..., cette immense nappe d'eau qui parle de l'infini ; puis un amas pittoresque de rochers qui, à un certain point, atteignent de grandes proportions, et forment le gouffre appelé du nom sinistre de *puits d'enfer.*

La mer s'y précipite, à la marée haute, avec un bruit effrayant. Les oiseaux de mer font retentir l'air de cris désolés. Alors on entend une sorte de tonnerre lointain, une rumeur sourde, confuse, horrible, faisant songer à l'enfer.

La légende raconte qu'autrefois, par une nuit sombre et sans étoiles, le ciel pesait sur la terre comme un couvercle de marbre noir sur un tombeau. Rien ne troublait le silence de cette nuit lugubre, si ce n'est un bruit étrange, semblable à un léger sifflement, que de fois à autre on entendait. On eût dit un serpent rampant dans les hautes herbes.

Satan rôdait sur ce passage, guettant une proie pour son enfer. Un jeune homme à l'air hautain parut sur les rochers, au-dessus de l'effroyable gouffre. Il s'était fait voleur de grands chemins.

Malgré les conseils de sa vieille mère, malgré les cris bien souvent répétés de sa conscience et les inspirations de la Vierge Marie, il s'était engagé dans une voie maudite. Il avait fait un pacte avec le démon. Il voulait de l'or, et le diable lui en avait promis, s'il était fidèle au rendez-vous. Le jeune homme avait juré foi de chevalier. Et ils se trouvaient là, tous deux, au *puits d'enfer*, quand minuit sonna.

« Je suis, lui dit Satan, le prince des démons ; il est temps que nous fassions plus ample connaissance », et frappant dans ses mains, des légions d'esprits infernaux se mirent à danser et à voltiger autour du jeune homme, glacé de terreur.

Il se prit à trembler, et voulut même, mais en vain, essayer de prier. Il tomba à genoux, et demanda grâce au démon qui s'était joué de lui.

« Grâce ! lui dit Satan. Crois-tu gagner le ciel par tes débauches ? Tu as voulu mon or, tu es devenu mon esclave, tu m'appartiens corps et âme. Plus de pitié pour toi, ta vie est comptée, tout est fini et tu resteras avec moi éternellement... » Et le saisissant de ses ongles crochus, il le précipita dans l'abîme du *puits d'enfer*.

Depuis ce temps, dit la légende, tous les jours, au coup de minuit, on entend sur les rochers du *puits d'enfer* les plaintes et les gémissements d'une âme en peine. On croit que c'est l'âme du damné qui implore inutilement la pitié du ciel.

Pendant les tempêtes surtout, alors que la mer bouillonne

avec furie et que l'orage gronde avec fracas, ces cris plaintifs et cette voix du réprouvé retentissent d'une manière plus sinistre et plus terrifiante. Les voyageurs attardés dans ces parages ou surpris par la tourmente, se signent avec effroi, et passent rapidement devant le gouffre béant du *puits d'enfer*.

LA MISÈRE ET LE BÛCHERON.

Je me souviens qu'étant enfant, ma bonne grand'mère me racontait souvent l'histoire « de son bûcheron », comme elle l'appelait. J'ouvrais, pour l'entendre, les yeux aussi grands que les oreilles, tant cette histoire m'intéressait.

Ce bûcheron était un bonhomme rabougri, tout blanc, branlant la tête et bien misérable. Ma vieille grand'mère, toujours à l'affût de quelque bonne œuvre à accomplir, en avait grande compassion.

Le malheureux venait presque chaque jour chez nous, chercher une écuellée de soupe chaude, pour réchauffer son vieux corps froid, et s'en allait répétant invariablement la même chose : « *Ah ! la misère avait bien dit qu'elle ne nous quitterait jamais !* »

Un jour, ma grand'mère voulut avoir l'explication de ces paroles du bonhomme, débitées ainsi en manière de sentence.

Le bûcheron parut enchanté de se voir interrogé sur sa maxime favorite et lui raconta cette petite légende :

« La Misère s'était égarée dans un bois. Inquiète, tourmentée, elle cherchait sa route, lorsqu'elle entendit des chasseurs à une faible distance. N'ayant pas le temps de retrouver son chemin, elle fut immédiatement attaquée. Grande est sa détresse quand elle sent cette bande de jeunes gens acharnés à sa poursuite. Elle fuit éperdue par monts et par vaux. La meute se rapproche, ses cris deviennent de plus en plus distincts. La Misère se croit arrivée à son dernier jour.

« Rebrousser chemin, elle ne le peut. Que faire ? Le courage et les forces vont lui manquer totalement. Mais par un heureux hasard, elle aperçoit un pauvre bûcheron qui faisait des fagots au milieu d'un taillis. Elle avance vers lui, confiante, et, le regardant d'un air désespéré et les yeux pleins de larmes, elle lui dit :

« Je suis perdue. Toute la meute se précipite sur mes traces, « si tu ne me secours pas, les chiens vont me dévorer sous tes « yeux. Tu parais bon, compatissant ; la Providence m'a en- « voyée vers toi, et certainement tu ne me laisseras pas périr. »

« — Non, dit le bûcheron, ému et attendri par ce petit dis- « cours, non tu ne mourras pas. Comment n'aurais-je pas pitié « de toi ? Cache-toi sous ce tas de fagots, tu seras en sûreté. »

Bien vite la Misère se cache, et on ne la vit plus. Elle ne bougeait pas. Un moment après la meute arrive, mais les chiens perdent la piste et s'éloignent aussitôt, rappelés par les chasseurs.

La Misère est sauvée. Elle quitte sa cachette avec une joie sans égale, et se jette dans les bras du bûcheron avec les sentiments de la plus vive reconnaissance. « Ah ! lui dit-elle, tu m'as sauvé la vie. *Je m'attache à tes pas, je ne te quitterai jamais.* »

Et depuis ce temps-là, Bûcheron et Misère vivent de compagnie.

Voilà pourquoi le pauvre bûcheron de ma grand'mère venant chercher sa soupe, s'en allait toujours répétant : « *Ah ! la Misère avait bien dit qu'elle ne nous quitterait jamais !* »

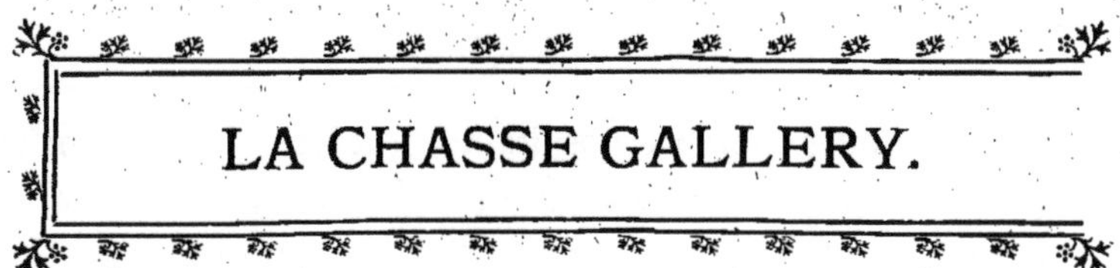

LA CHASSE GALLERY.

Il n'est pas un Vendéen qui n'ait entendu parler de la chasse Gallery. C'est une chasse fort extraordinaire, et elle se fait dans toute la province du Poitou.

Cette fiction remonte à la plus haute antiquité ; elle nous reporte au temps du druidisme. Elle est arrivée jusqu'à nous, mais après avoir subi une foule de modifications.

En Vendée, pour la rendre plus accessible au public, les jeunes troubadours vendéens en placent l'origine au Moyen Age.

Cette légende présente un côté vraiment fantastique. Pour l'avoir aussi réelle que possible, il faut aller à Saint-Sornin Là, elle est conservée dans toute son intégrité.

Gallery était un seigneur féodal, fier, méchant, et ne croyant ni à Dieu ni à diable. Il profanait d'une façon scandaleuse les saints jours du dimanche et des fêtes consacrées.

Dans un pays de foi comme notre chère Vendée, cette impiété devait naturellement révolter le peuple. Tout le monde blâmait hautement le châtelain et s'en éloignait.

Or, un dimanche, au moment où les gens se rendent dévotement à la grand'messe, Gallery part pour la chasse, à cor et à cri, avec une meute nombreuse.

Sa famille, meilleure et plus sage, l'avertit pourtant qu'il attire sur sa maison la malédiction de Dieu. Il ne veut rien entendre ; il cherche son plaisir avant tout.

A peine arrivé dans la forêt, il lance un cerf magnifique. La meute le poursuit avec fureur. Le *Sanctus* de la messe retentissait alors dans le clocher de Saint-Sornin.

La bête, forcée par les limiers, se réfugie dans une grotte habitée par un saint ermite. Celui-ci, étonné de recevoir cet étrange visiteur, lui fait cependant bon accueil. Exerçant envers lui une généreuse hospitalité, il refuse de le livrer au seigneur Gallery, accouru au galop précipité de son cheval.

A tout être faible et innocent, on doit accorder protection et appui. Notre pieux anachorète cache donc le cerf au fond de sa retraite, et cherche à ramener à Dieu l'âme pervertie du chasseur.

Indigné de l'outrage public fait à son divin Créateur, le moine menace le baron arrogant de la vengeance céleste. Il le somme de réparer ses crimes en fléchissant le genou, et de s'avouer coupable et repentant.

Trop fier pour se soumettre au pauvre solitaire, l'orgueilleux seigneur méprise ses avertissements : « Momeries que tout cela ! » dit-il, et il veut forcer l'entrée de l'ermitage.

Dieu protégeait son serviteur. Gallery, retenu sur le seuil par une force invincible, ne peut franchir cette humble demeure, puis, fou de colère et de rage, il entend une voix qui lui dit :

« Va poursuivre le cerf que tu viens de lancer, pendant la messe du dimanche. Tu le chasseras éternellement, chaque nuit, du coucher du soleil à son lever. »

Depuis, l'infortuné Gallery chasse, chasse toujours. Pour lui, il n'y a plus de sommeil. Il va de forêt en forêt, de plaine en plaine, par monts et par vaux, et souvent jusque dans les nuages. Sa meute endiablée descend alors sur la terre et dévore les voyageurs.

Le piqueur de cette chasse crie sans cesse : « Taïaut ! Taïaut ! » et ce mot est conservé encore par les chasseurs.

Un soir, un paysan de Saint-Sornin entendit passer Gallery. Il sortit en toute hâte de sa maison et se moqua de lui, réclamant sa part de butin. Le lendemain, il trouva à sa porte la moitié d'un cadavre humain.

On finit par le plaindre en le voyant si malheureux, brûlant, le jour, avec les damnés, et courant, la nuit, dans les plaines éthérées.

Les villageois vendéens, quand retentit, le soir, ce cri :
« Taïaut ! Taïaut ! » se signent dévotement et font rentrer leurs
fils au logis. Les mères alors entonnent cette complainte pour
les retenir au foyer :

> Entendez-vous la sarabande ?
> Oh ! c'est la Chasse Gallery,
> Qui, tout près, va passer par bande,
> C'est la garache (1) et l'aloubi (2).
>
> Enfants, rentrez bien vite
> Au foyer maternel,
> Prenez de l'eau bénite
> Et priez saint Michel.
>
> Gallery marche en tête
> Sur un cheval noiraud
> Ayant un cou de bête
> Et la peau d'un crapaud.
>
> Il veut livrer bataille
> Contre le Sarrasin
> Dans un champ de buaille (3)
> Au bourg de Saint-Sornin.
>
> Dieu condamne aux nuits blanches
> Gallery mécréant,
> Qui chassait les dimanches
> Et grugeait les paysans.

La chasse Gallery, d'après la science, est un passage
d'oiseaux migrateurs. Lassés, ils s'égrènent dans les ténèbres,
et s'appellent pour ne pas se perdre. Chacun d'eux fait entendre
un cri particulier.

---

1. La *garache* est une personne humaine, un grand coupable, qui, à cause de ses
crimes, chaque nuit, est changé en bête.

2. *Aloubi*, vampire. Les légendes vendéennes le représentent sous l'aspect d'un
homme affreusement maigre, insatiable, qui traîne à sa suite la famine et la
misère.

3. *Buaille*, chaume.

Selon d'autres, certains oiseaux poussent le cri « Taïaut ! Taïaut ! » et s'abattent sur le continent vers la fin de l'automne. Les villageois en les entendant, le soir, disent : « C'est la chasse Gallery qui passe. »

On retrouve, avec des variantes innombrables toutefois, le même fonds de légende, en Angoumois, en Normandie, en Saintonge, dans le pays basque, et jusqu'en Amérique.

En Angoumois, ce n'est plus le chasseur du dimanche, c'est celui du vendredi.

Dieu, raconte la légende, là-bas, descendit chez un homme et lui demanda à manger. Celui-ci aimait beaucoup la chasse. Il fait le meilleur accueil au Créateur. Mais n'ayant que de la salade et des choux, il trouvait la pitance trop maigre pour son aimable visiteur. Sans rien dire, il s'arme de son fusil, prend sa gibecière et appelle ses chiens.

Son hôte remarque son inquiétude.

« Ne va pas chasser, lui dit-il. Le vendredi, tu le sais bien, on ne mange pas de viande, tu dois te conformer aux préceptes du Seigneur. »

Le bon homme hausse les épaules d'un air de mépris et part tout de même.

Mais on n'offense pas en vain le divin Créateur. Pour le punir, Dieu le suspendit en l'air avec ses cinquante chiens.

Depuis, tous les cinq ans, à minuit, on entend des hurlements, des cris de détresse et des coups de feu. C'est la chasse Gallery de ce pays-là.

Les bonnes femmes ont peur et crient à leurs enfants : « Cachez-vous, au fond de vos lits, voilà l'homme aux cinquante chiens qui passe! »

En Bretagne, la légende prend un autre sens. Dans la Loire-Inférieure, sur la limite du Morbihan, la chasse Gallery se réunit sur le chemin de la Reine, qui va du Plessé à Richebourg, près de Beslé.

Par les beaux soirs de septembre et d'octobre, on entend la meute infernale aboyant tout le long du chemin. Elle se sépare en deux bandes, dont l'une s'enfonce dans les bois de Rédurin en Plessé, et l'autre s'élance vers Conquereuil à travers les landes de Lugançon. Les hurlements diminuent alors.

Les habitants du pays croient que c'est la bande des seigneurs impies qui, pendant leur vie, chassèrent le dimanche pendant les saints offices. Ils sont condamnés par Dieu à chasser éternellement la nuit.

Conduite par Gallery, le plus méchant de tous, et poussée irrésistiblement par les démons, elle poursuit son chemin avec la rapidité de l'éclair, et remplit d'épouvante les hommes et les animaux qui l'entendent.

Cette version manifestement se rapproche beaucoup de celle de Saint-Sornin. Mais, au Canada, c'est tout autre chose.

Les Canadiens français ont conservé une foule de croyances légendaires de l'ancien monde. C'est un souvenir pour eux ; ils y font quelques changements en les mêlant aux croyances du milieu qu'ils habitent.

« [1] Ainsi parmi les voyageurs qui s'en vont dans le Nord-Ouest ou dans les grands bois de la vallée de la rivière des Ou-Haonais (Ottava), plus d'un assure avoir vu passer, la nuit, la Chasse-Galerie. »

Voici en quoi consiste cette superstition :

« Quand les ouvriers du Bas-Canada se retrouvent retenus, l'hiver, dans les forêts qu'ils exploitent ou dans les plaines du Manitoba, et qu'ils souhaitent d'aller passer quelques heures chez eux, si l'un d'entre eux connaît les paroles magiques né-cessaires en invoquant le diable, il peut se faire transporter, lui, et ses compagnons dans un canot d'écorce qui, au lieu de

---

1. *Revue des traditions populaires.* Juin 1894.

naviguer sur les flots gelés, fend l'Océan avec une rapidité vertigineuse.

« Mais dans l'espace, comme sur la mer, ceux qui conduisent ce canot doivent ramer et le diriger.

« Le diable ne donnant rien pour rien, et ne se payant avantageusement que par la possession des âmes, il est convenu que tous ceux qui, au cours de ce voyage fantastique, prononcent le nom de Dieu, lui appartiendront sur l'heure.

« Si le canot, en volant, vient à heurter une croix, l'équipage entier est damné, et le suit en enfer. »

D'où le Canada a-t-il pu tirer cette croyance ? car elle tient plus encore que les autres à de grossières superstitions.

On le voit, la légende de la chasse Gallery se retrouve un peu partout. Ces croyances diverses, malgré leur signification diabolique, présentent encore un bon côté et renferment même de salutaires enseignements.

BÉATRIX DES FONTENELLES.

Sur la route des Sables d'Olonne, à une lieue de la Roche-sur-Yon, des ruines séculaires rappelant le Moyen Age, attirent tout particulièrement l'attention du voyageur. Je veux parler de l'abbaye des Fontenelles.

Elle fut fondée en 1210, par Guillaume de Mauléon, seigneur de Talmont, et par son épouse Béatrix de Machecoul. C'était alors l'époque des fondations religieuses. Bâtir et doter une abbaye, où de pieux cénobites chantaient, nuit et jour, les louanges de Dieu et veillaient sur les tombes des fondateurs, telle était, à cette époque, l'action la plus noble que pouvaient faire les familles illustres.

A ces ruines se rattache une légende étrangement effrayante, conservée depuis sept siècles par la tradition, dans un pays où le merveilleux tient une si large place aujourd'hui encore. Il faut bien le dire, ces vieilles murailles contribuent à répandre dans ce lieu dévasté, une vague et religieuse horreur, et présentent un aspect qui prête au mélodrame.

Quand on visite, en effet, ces voûtes antiques, cet autel en ruine, ces fenêtres en ogive aux vitraux brisés, ce tombeau gothique de Mauléon et de Béatrix, cendré par le temps, ces escaliers tournants aboutissant à de longs et ténébreux corridors et sans rampe, cette nef délabrée, que les rameaux des arbres du dehors rendent encore plus obscure, on se croit transporté dans un de ces lieux propices aux apparitions, alors que des spectres traînant des chaînes et des fantômes couverts de lambeaux ensanglantés reviennent, chaque nuit, faire leurs tournées lamentables.

Le seigneur de Talmont venait de partir pour guerroyer en Terre-Sainte. La princesse Béatrix, privée de son unique appui, se sentit bien seule et bien triste ; mais jeune et pleine d'espoir, elle reprenait courage en songeant à la joie du retour.

Combien grande fut donc sa douleur, quand un messager vint lui annoncer la foudroyante nouvelle ! son mari avait perdu la vie dans un combat.

Son amour brisé fit place au désespoir. Jour et nuit, de ses yeux, coulèrent des larmes brûlantes. Elle en versait tant et tant, dit la légende, qu'on eût pu en former un fleuve aussi large au moins que l'Yon.

Heureusement pour la pauvre veuve désolée, un petit chérubin rose et blanc lui restait. A peine était-il né au départ de son père. L'innocent, par ses joyeux ébats, ses jeux bruyants, ses caresses enfantines, ramenait un peu de gaieté à ce triste foyer. Pour lui, la mère vivait et souriait encore.

Mais un nouveau et terrible malheur fond sur le château. Par la contrée passe une bande de routiers dont nul ne se soucie, voleurs d'enfants peut-être, on ne sait. Le chérubin disparaît, et l'on retrouve dans les douves son petit chapeau flottant sur l'eau, et son jouet favori.

Le majordome de la princesse, homme sans cœur et sans entrailles, au lieu de préparer sa maîtresse à cette affreuse catastrophe, accourt tout effaré :

« Votre ange est mort, dit-il, jeté à l'eau, Madame, noyé, le cher amour ! »

Béatrix chancelle : « Mon fils est mort », répond-elle, et elle tombe, à son tour, privée de sentiment. Pourtant elle respire encore, elle revient à la vie, et dans son cœur se fait un effroyable réveil. Calme, mais l'œil sombre et morne, elle paraît transformée. Chez elle plus d'amour, plus de joie ; la haine, la rage, le désespoir !

Méchante, cruelle même, elle conçoit l'ignoble dessein de manger à son déjeuner un cœur d'enfant, tous les jours.

La terreur se répand dans la contrée, les mères s'enfuient

emportant leurs trésors. On ne parlait pas de la châtelaine, la princesse Béatrix, on ne connaissait plus que l'ogresse qui mangeait le cœur des enfants.

Combien en dévora-t-elle ? Nul ne le sait. Que de pauvres mères désolées pleurèrent et la maudirent !

Le cuisinier bat la campagne, cherche et cherche partout. Il s'était habitué à cette cuisine infâme.

Un jour, il se présente embarrassé et tremblant devant la princesse, et lui dit qu'il n'y a plus un seul enfant aux environs. Béatrix le regarde froidement.

« Vraiment, lui dit-elle, tu es embarrassé pour peu de chose. Il n'y a plus d'enfants aux alentours, me dis-tu ? N'as-tu pas un fils ?

Qu'on juge du désespoir du malheureux père. Seulement alors il comprit toute l'étendue des crimes qu'une lâche complaisance lui avait fait commettre. Ses entrailles paternelles s'émurent, et le remords entra dans son cœur comme un premier châtiment. Cependant, il n'osait désobéir à sa terrible maîtresse.

Au milieu de ses angoisses, un petit chien qu'il aimait beaucoup, frappé de sa tristesse et apercevant peut-être des larmes dans ses yeux, s'approcha de lui en le caressant et lui lécha les mains. La vue de l'innocent animal suggéra au pauvre cuisinier l'idée de le sacrifier, à la place de son fils unique.

En effet, le cœur du petit chien fut accommodé avec le plus grand soin et servi à Béatrix. Mais à peine en eut-elle goûté, qu'elle cracha avec dégoût ; d'un ton à faire frémir les plus braves, elle demanda quel horrible ragoût on lui servait là. Le malheureux cuisinier, se voyant perdu, se jeta à ses pieds et lui avoua ce qu'il avait fait pour sauver son fils.

La châtelaine fut touchée de ce désespoir paternel, et commença à sentir la pointe du remords.

Un jour, ne trouvant plus d'enfants, il en achète un à des vagabonds et en régale sa maîtresse. Le repas terminé, il apporte une médaille trouvée sur le cœur de l'enfant.

Ciel ! dit la princesse bouleversée, c'est le portrait de mon époux ! Vite, elle se rend à la cuisine et reconnaît... oh douleur ! le corps de son chérubin dont elle vient de manger le cœur. Il avait été revendu, sans doute, par ceux-là mêmes qui l'avaient pris.

La pauvre mère, sans un cri, prend dans ses bras ce corps mutilé, l'étreint, l'embrasse, puis le berce comme s'il était encore vivant.

Elle était folle !...

Mais sa folie ne dura pas. Avec son retour à la raison, le repentir pénétra dans son âme brisée. Elle fait vœu de se livrer à la pénitence et aux mortifications les plus austères. Elle ordonna de couvrir de longues épines le chemin qui mène de Talmont à l'abbaye des Fontenelles, distante de huit lieues. Elle s'y rendit pieds nus, la corde au cou, pleurant, priant et demandant pardon à Dieu et aux hommes. Mais vaincue par la douleur, elle expira sur le seuil du couvent et les religieuses l'ensevelirent dans leur chapelle (¹).

Le goût que Béatrix avait pour les enfants n'est pas encore passé, seulement, il a changé de but. Au lieu de les manger comme autrefois, elle les guérirait aujourd'hui.

Eh bien oui ! par une étrange revirement des choses de ce monde, une foule de personnes conduisent les enfants malades et estropiés au tombeau de Béatrix, et vont demander la guérison.

Un pèlerinage est établi aux Fontenelles. Chaque année, le

---

1. D'après une autre légende, Béatrix, bourrelée de remords, fit creuser un souterrain qui communiquait à une petite chapelle des environs. Elle en fit couvrir le sol d'épines, et, par ce pénible chemin, elle se rendait tous les jours à la chapelle. La prière occupait tous ses instants, et elle ne vivait que de racines. Après sept ans de cette rude pénitence, elle mourut.

lundi de la Pentecôte, on porte au mausolée, des fleurs qui ne se fanent jamais, et elles ne sont renouvelées que l'année suivante. Les mères, ce jour-là, apportent de toute part leurs pauvres petits à son tombeau, sur lequel elles les déposent même une instant, pour obtenir la force et la santé.

Ne quittons pas les Fontenelles sans visiter la fontaine merveilleuse. Elle est située dans une prairie voisine, au milieu des ruines du cloître, et son eau limpide sort goutte à goutte des fentes du rocher. D'après une croyance populaire, comme le tombeau de Béatrix, elle a la vertu de guérir toutes les maladies de l'enfance, et l'on vient de fort loin chercher de cette eau consacrée.

Ainsi l'ogresse, après avoir été la terreur des habitants des Fontenelles et des environs, y est, depuis son repentir, honorée comme une sainte.

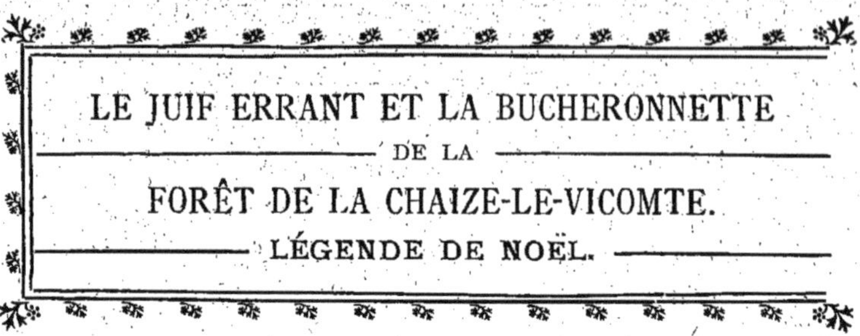

LE fameux Juif errant se promène lentement et tristement aux quatre coins du monde, depuis près de deux mille ans.

Voyez-le ce soir. Il paraît moins triste et moins las que de coutume ; ses vieilles bottes usées semblent moins lourdes à traîner, son bâton noueux paraît lui devenir inutile.

Pourquoi donc cet éclair de joie sur cette face jaunie ? Pourquoi ce semblant d'espoir sur ce visage de réprouvé ?

C'est la nuit de Noël, et ce jour-là, le vieux a la permission de se reposer deux heures : les deux heures de la messe de minuit.

Il s'assied depuis la première volée des cloches qui annoncent la fête, jusqu'à la dernière sonnerie après la troisième messe.

Il espère donc, ce soir, trouver quelque bon gîte où il pourra reprendre haleine, avant de poursuivre sa course vagabonde jusqu'à l'année prochaine.

Suivons-le quelques instants. Il approche de la lisière d'une forêt, et de ses yeux à demi éteints, il entrevoit au loin un petit clocher de village. Voilà ce qu'il aime ! Les grandes cités lui font peur. Il traîne habituellement ses vieilles épaules dans les campagnes, dans les bois, dans les lieux sombres et isolés.

Il tourne sur la gauche pour s'enfoncer dans la forêt, quand les cloches du village commencent à tinter. Il y a douze mois qu'il marche, qu'il marche toujours sans s'arrêter jamais !

L'heure du repos sonne pour lui. Une petite lueur grande comme un mouchoir de poche attire ses regards.

C'est là qu'il veut faire une halte ; il presse le pas et arrive devant un toit de chaume, situé dans la forêt de la Chaize-le-Vicomte, près de la Roche-sur-Yon.

LA NUIT DE NOEL.

Il regarde cette chétive cabane recouverte tout entière, en ce moment, d'un blanc manteau de neige. Va-t-il entrer ?

Oui, car le temps presse, et il ne veut rien perdre de ces deux heures de repos. Deux heures en une année !

A une toute petite porte, il frappe avec son gros bâton.

Pan, pan, pan.

« Qui est là ? dit une mignonne petite voix, jeune et claire, du fond de la chambrette.

— Un mendiant, » répond le vieux vagabond, tâchant d'adoucir sa grosse voix.

L'innocente enfant, gardienne de la demeure, avait appris de ses parents à pratiquer la charité ; elle ne recula pas en se voyant seule avec le malheureux.

« Entrez, entrez, brave homme, dit-elle. Je suis toute seule ici. Mon père et ma mère sont allés prier le petit Jésus qui va naître. Vous m'avez fait peur un peu, j'ai pensé au petit chaperon rouge dévoré par le loup. Mais je suis rassurée. Asseyez-vous, approchez-vous du feu et mangez les pommes de terre et les choux qui sont dans la marmite.

— Merci ! Je n'ai pas faim, mais je suis las, bien las ! »

Et le vieux se laisse tomber sur un escabeau, en face de l'enfant, qui le regardait de ses grands yeux étonnés.

Quel contraste que ce vieux maudit, pâle, décharné, à côté de cette fillette innocente, au cœur candide et bon qui, dans sa naïveté, le traite avec respect !

« Tu attends le petit Jésus, sans doute ?

— Oh non ! répond l'enfant, le petit Jésus ne vient pas chez nous ; nous sommes si pauvres et si loin ! Il ne connaît pas le chemin ; mais nous le prions de nous bénir et de nous donner, chaque jour, le pain dont nous avons besoin.

— Et tes souliers ? Tu ne les mets donc pas dans la cheminée comme tous les autres petits enfants ?

— Je n'ai ni souliers, ni sabots, dit la fillette en rougissant. J'ai beaucoup grandi, cette année, et les sabots sont restés petits. »

Le vieux soupira. Cette innocence l'écrasait, lui, le grand coupable. Il n'avait pas eu pitié de ce petit Jésus, l'ami des enfants ; et il était ému devant cette frêle créature qui lui avait offert si naïvement l'hospitalité et ne le traitait pas comme les autres : en réprouvé !...

« Dors, dit-il à la fillette, je vais mettre pour toi mes grandes bottes devant ton foyer et peut-être que le petit Jésus... » Elle, elle ouvrait les yeux plus grands encore pour mieux voir.

La petite, dont le cœur battait bien fort, voulait cependant être docile ; elle essayait en vain de trouver le sommeil. Elle entr'ouvrait de temps à autre un œil furtif, et regardait son vieux compagnon.

Lui, avec un calme peu ordinaire, quittait une à une ses grandes bottes, plus hautes deux fois que des barattes de beurre.

Elles doivent contenir beaucoup de choses, se disait la fillette ébahie.

Elle ne perdait pas de vue le mendiant, et le vit tirer de sa poche cinq petites choses rondes que la mignonne ne distinguait pas très bien. Si ce pouvait être des sous ! Cinq sous ! pour elle, c'était une fortune !

Mais ces cinq sous revinrent souvent encore. Cinq par cinq, ils tombaient dans les bottes en sonnant si joliment ! Enfin, quand elles furent pleines, l'enfant, ravie, joignit les mains et se jeta à genoux. Jusque-là elle avait retenu son souffle.

« Tu ne dormais donc pas ?

— Non, je ne pouvais pas.

— Eh bien ! tant pis, le petit Jésus te paie tout de même une paire de sabots.

— Le petit Jésus ! il n'est pas venu, je l'aurais bien vu. C'est vous qui avez rempli les bottes. Mais je sais bien ; le petit Jésus, il avait un bon père aussi. On nous dit au catéchisme, Dieu le Père et Dieu le Fils. »

Et l'enfant voulut baiser la main du gueux, qui, honteux de cette touchante méprise de l'innocente, la retira brusquement.

La cloche annonçait la sortie de l'église. L'heure du repos

avait pris fin ; il fallait partir, reprendre sa longue et éternelle course par monts et par vaux, à travers le monde.

Pour la première fois, le juif errant aurait volontiers ralenti sa marche.

Il soupira tristement, reprit son gros bâton, remit ses lourdes bottes et se leva.

« Quoi ! dit l'enfant surprise, vous partez ! Et mes parents qui vont être si heureux de trouver ici le bon Dieu ! Comme ils vont vous remercier, » dit-elle, en montrant le tas de beaux sous neufs étalés à ses pieds.

Le vieux trembla ; une émotion soudaine s'empara de lui. Il regarda la petite fille en lui disant :

« Sois toujours bien sage, mignonne, et reste bonne et charitable. »

Puis voyant les yeux du mendiant s'arrêter fixement sur elle, elle lui dit câlinement :

« Pourquoi me regardez-vous ainsi tristement ? on dirait que vous avez du chagrin.

— Tu me rappelles ma petite fille, qui aurait aujourd'hui plus de 1800 ans ! »

1800 ans !... La petite savait compter. Aussi, fut-elle épouvantée. Elle recula d'abord, puis, par un mouvement subit de son bon cœur, se jeta dans les bras du vieux en lui disant :

« Embrassez-moi, pauvre homme ; cela vous consolera. Vous croirez peut-être avoir retrouvé votre petite fille. »

Le vieux hésita, puis il se courba vers l'enfant, et sur ce front si pur, il déposa un baiser et une larme... la première qu'il eût jamais versée !

Charité ! vertu sublime, tu désarmes la colère de Dieu et tu attires, ici-bas, une récompense immédiate à celui qui l'exerce envers les malheureux.

Que n'a-t-il versé aussi une larme de repentir, le juif errant !

L'enfant pleura en le voyant partir.

La neige tombait à gros flocons, le maudit se perdit de nouveau dans l'épaisseur de a forêt. Il reprit sa marche pour douze mois.

Le bûcheron et la bûcheronne rentrèrent au logis, après avoir entendu leurs trois messes.

Ils virent aussitôt la montagne de beaux sous brillants devant leur foyer, et l'enfant en admiration.

« Qu'est-ce que tout cela ? dirent-ils. Est-ce le petit Jésus qui est venu te voir !

— Non, répond la douce enfant, ce n'est pas le petit Jésus ; mais c'est Dieu le Père, je l'ai bien reconnu. »

Les bons villageois tombèrent à genoux, se signèrent dévotement, et tous les trois remercièrent ensemble le Père Éternel.

Charmante enfant, élevée par de pieux parents, reste toujours innocente et pure et tu entendras, un jour, cette voix céleste qui lui dira comme à Dieu le Fils :

« Celle-ci est ma fille bien-aimée ! »

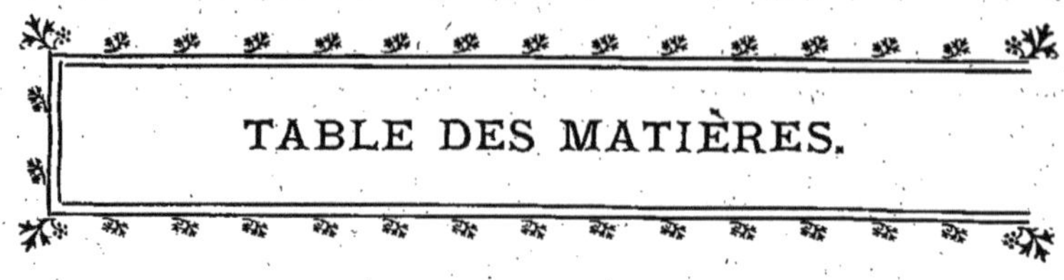

TABLE DES MATIÈRES.

I. — NOS GRANDS HOMMES.

Préface.	7
Richelieu.	9
I. — Les premières années.	10
II. — L'évêque de Luçon.	22
III. — L'homme.	40
IV. — L'écrivain ascétique.	50
Gabriel Deshayes.	56
En Bretagne.	56
En Vendée.	67
Henri Adolphe Archereau.	80
Le général d'Andigné.	90

II. — SCÈNES ET ÉPISODES DE LA VENDÉE MILITAIRE.

Une héroïne vendéenne.	103
Une Vendéenne devant Carrier.	110
Mesdemoiselles de la Sorinière (10 février 1794).	115
Encore le général d'Andigné. — Son sang-froid et son audace pendant la grande guerre.	119
Une héroïque adoration nocturne.	122
La Gaubretière à l'époque de la Terreur, la fête de Pâques 1794.	124
Statues de la Ste Vierge miraculeusement préservées pendant la Terreur.	129
I. — Notre-Dame de St-Sulpice.	129
II. — Notre-Dame de Toutes Aides à Nantes.	133
III. — La Vierge miraculeuse de Saint-André à Mirebeau-du-Poitou.	136
IV. — Notre-Dame du Chêne.	141

III. — RÉCITS VENDÉENS.

Le petit Jacques ou la première communion en blouse et en sabots. (Récit authentique).	145
Le bon roi René et les verriers de la Roche-sur-Yon.	158
Mort d'un croisé vendéen, seigneur de la Chaize-le-Vicomte.	162
Le doigt brûlé.	166

Le bienheureux Montfort et son pouvoir sur la nature. 170
    I. — Les cerises. 170
    II. — La multiplication des pains. 174
    III. — Voyage à l'île d'Yeu. 176
Notre-Dame de Garreau. 180
Les Sables d'Olonne, Notre-Dame du Sceptre. 188
Marie dans le langage populaire des Vendéens. 191
Le scapulaire déchiré. 196
Braves Vendéens. 197
Les bons vieux usages et les coutumes chrétiennes. 200
    I. — Adieu. 200
    II. — Première communion. 201
    III. — La sainte Eucharistie. 201
    IV. — Le Saint-Viatique. Pieux et vieil usage de Froidfont. ... 202

IV. — TRADITIONS ET LÉGENDES.

Ruines de Belesbat. 203
La légende de saint Jouin. 206
Le pont de S. Martin à l'île d'Yeu. 210
Le puits d'enfer. 214
La misère et le bûcheron. 217
La chasse Gallery. 219
Béatrix des Fontenelles. 225
Le Juif errant de la forêt de la Chaize-le-Vicomte. 230

TABLE DES GRAVURES.

Le pape Paul V. 21
Luçon. — La cathédrale. 25
Le cardinal Charles de Lorraine. 37
Le cardinal de Richelieu. 41
Henri IV. 45
Notre-Dame des Ardilliers. 48
Louis XIII. 49
S. Vincent de Paul. 56
Jersey. 57
Ville d'Auray. — Ste-Anne d'Auray. 61

J.-B. Dumas. 81

Nicolas Ier, empereur de Russie. 85

Palais du Luxembourg. 91

Talleyrand. 92

Napoléon. 93

Le fort de Joux. 97

Louis XVIII. 99

Général de Charette. 105

Angers. 117

Notre-Dame du Chêne. 143

Baudouin, successeur de Godefroy de Bouillon. 164

Ste Rose de Lima. 167

Le Père de Montfort. 171

Port de l'Ile-d'Yeu. 177

Notre-Dame de Garreau. 181

Le cardinal Pie. 193

S. Hilaire. 207

S. Martin. 211

La nuit de Noël. 231

DU MÊME AUTEUR :

Choux de Vendée et trois pieds de tabac. *Épuisé.*
Les œufs de Pâques. Légendes, traditions, etc. *Épuisé.*
Vendéens, restez en Vendée. *Épuisé.* En préparation, nouvelle édition pour distributions de prix, revue et considérablement augmentée.

SOCIÉTÉ DE ST-AUGUSTIN, A LILLE.

Cent ans après. Souvenirs et épisodes de la Vendée militaire, 2ᵉ édition.
Soirées vendéennes. Causeries, histoires, légendes.
La Carmélite. 2ᵉ édition.

POUR PARAITRE PROCHAINEMENT :

Ma paroisse en 93. (St-André-Goule-d'Oie, Vendée).
Dernières soirées Vendéennes.

EN PRÉPARATION :

Cent ans après. Souvenirs et épisodes de la Vendée militaire, 2ᵉ et 3ᵉ séries.
Ma vieille Vendée. (Croyances, superstitions, mœurs, coutumes, traditions, légendes, etc.).